니체, 예수의 13번째 제자

니체, 예수의 13번째 제자

초판 인쇄 2025년 7월 17일
초판 발행 2025년 7월 22일

지은이 김진
펴낸이 김상철
발행처 스타북스
등록번호 제300-2006-00104호
주소 서울시 종로구 종로 19 르메이에르종로타운 A동 907호
전화 02) 735-1312
팩스 02) 735-5501
이메일 starbooks22@naver.com

ISBN 979-11-5795-777-4 03160

ⓒ 2025 Starbooks Inc.
Printed in Seoul, Korea

이 책은 저작권법에 의해 보호를 받는 저작물이므로 무단전재와 무단복제를 금합니다.
잘못 만들어진 책은 구입하신 서점에서 교환하여 드립니다.

김진 지음

니체, 예수의 13번째 제자

니체가 가장 만족한 저서
『안티크리스트』
거꾸로 읽기

스타북스

프롤로그

니체는 기독교의 독毒이 아니라, 복福이다

1

니체―그는 단순한 무신론자를 넘어 '하나님은 죽었다 Gott ist tot'고 선포하며, 기독교의 누추한 토대를 해부한 신성모독자, 배교자로 우리 앞에 서 있다. 그래서 우리는 멈추어 질문하지 않을 수 없다:

왜 니체는 그렇게도 기독교와 성직자들에게 독설을 퍼부었는가?

니체의 칼날 같은 기독교에 대한 비판이, 과연 하나님과 예수를 향한 것이었는가, 아니면 '죽은 신 der tote Gott'에 불과한 기독교의 허상에 대한 증오였던가?

그리고 이 '신 없는 세상'에서 현대인들이 니체의 외침에서 구원의 단서를 찾는 이유는 무엇인가?

나는 『안티크리스트』 속으로 걸어 들어갔다. 그 깊은 문장들 사이에서 니체의 본뜻을 파헤치려 했고, 그 과정에서 뜻밖의 예수와 복음, 그리고 기독교에 대한 신학적 통찰이 내 앞에 펼쳐졌다. 니체가 외친 "기독교에 대한 저주" 속에서 나는, 역설적으로 하나님과 예수, 그리고 복음에 대한 신비로운 신심의 그림자를 보았다.

레오나르도 다빈치가 사용한 글쓰기로서 "looking-glass writing"(거꾸로 쓰기) 기법이 있다. 즉 거울에 비춰봐야 제대로 읽을 수 있게 일부러 문장을 거꾸로 쓰는 것이다. 물론 니체는 『안티크리스트』를 이렇게 쓰지 않았다. 그러나 나는 『안티크리스트』를 신앙의 거울로 되비춰 읽어보았다. 그러자 『안티크리스트』가 현실 기독교와 예수신앙이 나아갈 길을 반사反射하고 있었다. 결단코 그것은 니체의 의도가 아니었다. 그러나 이 단어와 문장, 단락을 거울에 비추듯 반사해 뒤집어 읽기 시작했을 때 나는 '또 다른 니체'가 되어 가고 있었다. 그리고 니체라는 "거인의 어깨"를 딛고 저 멀리 있는 참 예수신앙과 기독교의 새 지평을 바라보았다.

음악의 배음Obertöne을 떠올려 보라. 한 음 안에 스며드는 다채로운 소리처럼, 피아노의 '도'를 연주할 때 그 안에서 울려 퍼지는 '미'와 '솔'의 음들이 그러하듯, 이 책은 내가 『안티크리스트』에서 들은 배음이다. 니체는 '기독교에 대한 저주'라는 불협화음의 곡을 연주했지만, 그 소리 너머에서 나는 새로운 기독교를 위한 구원의 선율, 우리의 영혼을 뒤흔드는 혁명의 음악을 들었다.

니체의 기독교에 대한 욕설과 저주를 뒤집어 풀어보니 오히려 예수신앙과 기독교가 나아가야 할 방향이 더욱 분명해졌다. '또 다른 니체'의 눈에는 거울 속『안티크리스트』는 오늘날 예수의 종교로서 기독교가 걸어가야 할 모습이 선명하게 비추고 있었다. 당시 기독교 부패, 성직자의 위선, 신학자의 교만을 파괴하려 했던, 니체의 비판은 오히려 건강한 참 예수 모습과 복음과 신앙의 뜻을 드러내는 명품 거울로 변했다.

2

이 책을 쓰기까지 오랜 시간이 걸렸다. 12년 전, 이 책과 같은 제목으로『안티크리스트』강독회를 연 것이 그 출발점이다. 모인 이들과 독일어 원전과 함께, 한 문장 한 문장 읽어간 시간이 이 책의 씨앗이 되었다.

그 긴 시간, 니체와 깊은 대화를 위해 그가 공부했던 독일 라이프치히 대학 도서관에 앉아 그의 책을 읽기도 했고, 그가 걸었던 밤길도 걸었다. 그와 함께 웃고, 때론 분노하고, 때론 그 고독했던 그의 삶과 여린 영혼을 생각하며 눈물을 흘리기도 했다.

이 글 형식은 '개사곡'을 연상하면 쉽게 이해될 것이다. 즉 『안티크리스트』의 형식과 구조를 토대 삼아 멜로디(主音)는 그대로 유지하되 가사(내용)를 개사한 형식이다. 니체의 예수와 복음 이해의 정수는 변형 없이 그대로 유지했다. 그런 니체의 예수복음 이해와 주장과 표현은 어느 것 하나 버릴 것 없이 빛나고 있기 때문이다.

글의 구성 또한 『안티크리스트』를 그대로 따랐다. 『안티크리스트』처럼 서문부터 62개로 나누어진 주제에 따라 기술했다.

니체의 가장 핵심 사상 중의 하나인 기독교 비판을 토대로 글을 쓴다는 것은 무모한 용기, 아니면 섣부른 사명감의 패착일지 모른다. 그러나 '기독교는 니체를 비껴갈 수 없고 비껴가서도 안 된다.'라는 신념의 소산인 것은 분명하다. 니체의 말과 글은 예수와 그의 복음이 기독교인들에게 살아있는 "기쁜소식"이 되기 위해 굳어진 마음과 신념을 깨우치는 망치가 되기에 충분하다.

1부에서는 니체에 대한 기독교 진영의 이해와 그의 저서 『안티크리스트』에 대한 안내를 담았다. 2부는 『안티크리스트』의 말과 형식, 그리고 그 배움을 토대로 새롭게 창조했다. 『안티크리스트』의 원형을 그대로 답습하며 서문을 비롯해 62개의 주제로 구성된 '니체의 그릇'에 저자의 신학적 사상을 담았다. 3부에서는 니체가 기독교 혹은 교회, 성직자에 대해 언급한 내용을 선별하여 담았다. 그의 예수, 복음에 관한 생각과 기독교에 대한 비판을 이해하는 도움이 될 것이다.

 니체의 외침에 귀를 막고, 무시한 독일 기독교가 '나치'라는 사탄을 잉태하고, 낳아 전 세계를 전쟁과 죽음의 공포로 몰아넣은 것처럼, 그의 비판을 지나친다면 현실 기독교는 최소한 스스로 몰락하거나, 악마의 도구로 전락할 것이다. '스스로 망치가 된' 니체의 두드림을 맞아, 왜곡되고 굴곡된 기독교가 제 모습을 찾을 것인가? 아니면 세상의 손가락질 받는 종교로 추락할 것인가? 니체는 지금도 피를 토하는 심정으로 외치고 있다. 니체는 기독교의 독毒이 아니라, 오히려 해독제이며, 또 복福이다.

 나는, 이 책을 통해 '예수의 열세 번째 제자로서 니체'의 기여가 더욱 선명하게 드러나고, 그 너머 숨겨진 구원의 메시지가 우리 앞에 폭로되기를 기대한다.

그러나 오해 없기 바란다. 이 책은 기독교를 비판하는 데 목적이 있지 않다. 오히려 이 책은 "예수의 종교로서의 기독교", "기독교 이전의 기독교"를 옹호하며 "기독교 이후의 기독교"의 새로운 지평을 모색하는 데 의의가 있다.

마지막으로 지금 나의 심정을 담은 니체의 시(詩) 한 편을 소개한다:

펜이 긁힌다

펜이 긁힌다. 대체 무슨 일이냐!
내 펜이 왜 긁히는 벌을 받았는가?

일찍이 나는 잉크를 듬뿍 찍어
힘 있게 굵은 글씨를 썼다.
빠르게 써 내려가는 펜의 움직임은 얼마나 멋진가,

잉크가 듬뿍 묻은 굵은 글씨!
어떤 일이든 마음껏 쓰지 않았던가!
비록 그 글씨를 잘 읽을 수는 없지만

그것이 어떻다는 말인가?

대체 누가 내가 쓰는 것을 읽는다는 것인가?

2025. 6.

니체, 하늘나라에서 주님과 함께 있으리라 믿으며

김진

차례

프롤로그: 니체는 기독교의 독毒이 아니라, 복福이다 004

PART I
예수를 사랑한 니체

1. 니체를 모르는 한국 기독교인 019
2. 니체가 사랑한 예수 그리스도 028
3. 『안티크리스트』는 어떤 책인가? 051

PART II
『안티크리스트』 거꾸로 읽기

서문序文 065
1. 신앙, 그리고 존재로서의 돌파 068
2. 사랑의 의지 vs. 동정의 위선 071
3. 최고의 전형, 예수의 출현 073
4. 위버크리스트 075
5. 초대교회의 영성 077

6	거룩함의 탈진인가, 환희의 복권인가?	079
7	섬김, 병든 연민을 넘어서는 생명의 실천	081
8	삯꾼 목자의 피	086
9	뒤바뀐 진리	089
10	반신불수의 이성	092
11	사랑의 혁명은 교리로 죽었다	095
12	"사명"이라는 이름의 망령	099
13	한 오해된 배교자의 자기 해명	101
14	창조 질서 안의 인간과 기독교적 자각	104
15	기독교, 상상의 종교인가?	108
16	사랑에 의지로서의 하나님	111
17	신앙의 조작자들	115
18	예수의 하나님 이해	119
19	신을 새로 만들지 말고, 신 안에서 새로워져라	120
20	고통을 넘어서는 은총: 불교와 기독교, 두 치유의 종교	123
21	억눌린 자들의 하나님, 온전한 자들의 길	128
22	진리를 향한 두 길	132
23	사랑의 종교, 무의 종교: 기독교와 불교를 넘어서	135
24	유대교, 기독교 탄생의 토양	141
25	야훼의 몰락: 신앙의 타자화	144
26	신의 위조와 타락의 계보	148
27	예수 혁명: 신성한 민족에서 에클레시아로	154
28	복음서의 불투명함과 신학자의 오만	158
29	예수에 대한 영적 이해	160
30	현실을 향한 본능적 사랑	164
31	구세주 전승의 왜곡과 초기 예수 공동체	166

32	예수, 자유정신의 형상	171
33	죄도, 벌도, 보상도 없는 복음	175
34	시간 속의 영원, 땅 위의 하나님 나라	178
35	십자가 위의 혁명	182
36	예수 종교, 위대한 질문 부호	184
37	본래 기독교에 대한 변호	186
38	거짓 기독교, 허위에 물든 기독교	188
39	기독교는 예수의 종교인가?	193
40	복음의 갈림길과 니체의 오해	198
41	복음은 보상이 아니다	203
42	바울, 예수를 계승한 자인가 배신한 자인가	206
43	영원불멸의 역설과 삶의 복권	210
44	복음과 가면 — 위조된 신앙에 대한 고발	214
45	순수한 말씀? 아니면 찬다라 도덕?	218
46	신약성경, 인간적인 너무도 인간적인 진리의 책	230
47	하나님 같지 않은 하나님	234
48	선악과, 인간의 신이 되려는 욕망과 창조의 파열선	237
49	지식의 적이 된 성직자	243
50	믿음이 복이다!	246
51	예수 없는 기독교: 정신병적 교회의 초상	249
52	기독교인, 진리에 눈뜨는 자	253
53	진리를 위한 순교자의 피	257
54	신앙, 회의, 자기기만	261
55	진리를 그대로 보아라!	267
56	기독교의 궁극적 목적	271
57	기독교의 영적 위계질서	274

58	기독교의 신성한 거짓말	280
59	도둑맞은 길	288
60	칼, 십자가, 그리고 문명의 붕괴	292
61	"예수 르네상스"를 꿈꾸며	294
62	예수혁명을 희망하자!	298

PART III
니체는 이렇게 말했다

1	신은 무엇인가?	305
2	예수, 성스러운 무정부주의자!	313
3	교회는 영혼에 대한 폭정이다	317
4	기독교는 인류의 영원한 오점汚點!	323
5	진리란 무엇인가?	337

에필로그 349

PART I

예수를 사랑한 니체

1
니체를 모르는 한국 기독교인

    한국의 신학자와 목사, 혹은 기독교 지성인들이 니체를 '제대로' 비판한 논고나 설교를 거의 찾아보기 어렵다. 있다 하더라도 그들의 비판은 언제나 일차원적이며, 표면적인 비난에 머무른다. 니체의 복잡하고도 난해한 사상을 온전히 이해하지 못하기 때문일 것이다.

    니체의 글과 사상은 그 자체로 이해하기 어려운 암호와도 같다. 그의 통찰력과 문체는 정교하며, 그 깊이를 파헤치려면 높은 지적 훈련이 필요하다. 그런데 기독교 지성계는 그러한 능력에 미치지 못하는 경우가 많다.

기독교에 대한 니체의 깊은 연구와 날카로운 통찰에 비해, 신학자들의 니체 비판은 때로 어린아이 수준의 인식과 투정에 머무는 듯하다. 신학자나 목회자조차 『안티크리스트』와 같은 니체의 대표적 저작을 통독하기조차 쉽지 않다. 책장을 넘기다 보면, 문장은 읽히지만, 그 뜻이 온전히 와닿지 않아 금세 지루함에 빠지고, 결국 책을 덮고 만다.

반면, 현대인의 니체에 대한 관심은 날로 증폭되고 있다. 전 세계 많은 철학자와 사상가들은 자신의 사상의 뿌리를 니체에게서 찾고 있으며, 그의 영향력은 현대 지성계의 근본을 이루고 있다고 해도 과언이 아니다. 특히 현대철학은 니체 없이는 이해할 수 없을 정도로, 그의 사상이 모든 곳에 스며들어 있다. 그런데도, 한국의 기독교 신학자나 목사들은 니체의 영향력을 부정하거나 외면하며, 그를 신학대학 강단이나 연구 밖으로 밀어내고 있다. 현대철학과 인문학 전반에 걸쳐 니체의 필연적 영향력을 모르는 척, 눈 감고 있다.

왜 기독교인들은 니체를 싫어하는가?

그 해답은 얼핏 보기에 너무나 간단하다. 니체가 기독교를 혐오하고 하나님의 존재를 부정했다고 믿기 때문이다. 그러면서도 기독교인들은 니체가 왜 그토록 기독교를 혐오했는지 구체적인 이유나 내용을 깊이 파헤치려 하지 않는다. 대신 니체의 독설로 인해 하나님이 모욕당했고, '위대한 종교'로 여겨지는 기독교와 교회가 무시되었고, 성직자들이 경멸당했다고 미리 단정한다.

나아가, 기독교인들은 니체가 기독교의 확장에 치명적인 해악을 끼쳤다고 믿으며, "세상이 너희를 미워하면 기뻐하라!"고 말씀하신 것과 "원수를 사랑하라!"는 예수의 가르침마저 잊은 채, 무조건 니체를 미워한다. 이와 같이 무지無知가 증오를 부추기고, 증오가 다시 무지를 강화하는 악순환이 지속되고 있다.

실제로 니체는 자신의 모든 학문과 사상, 신학 연구를 토대로 기독교를 맹렬히 비판했다. 그의 비판은 단순히 당시 기독교 문화나 성직자의 타락, 혹은 잘못된 신학에 국한된 것이 아니라, 태생부터 '기독교는 오류였다'라는 절대적 비판에 기반한 것이었다. 이에 따라 기독교는 예수와 동떨어진 종교로 전락했으며, 문명 자체에 큰 해악을 끼쳤다고 확신한다.

니체는 『안티크리스트』를 비롯한 여러 저작을 통해 기독교에 관한 한 독설가의 정점에 올랐다. 그의 기독교 비판은 누구보다도 철저하고, 단호하며, 때로는 지독하고도 가혹하다. 니체가 기독교를 이토록 증오하고 단죄한 이유는, 그가 기독교를 "반예수의 종교"이자, 문명과 역사에 해악을 끼친 주범으로 확신했기 때문이다.

니체에게 기독교는 바로 "하나의 위대한 저주"Ein großer Fluch이며, 인류 역사에 남은 "사라지지 않는 오점"污點이었다. 그러나 기독교를 향한 니체의 도끼질에 현실 기독교는 '도끼 삶은 물'처럼 미지근하게 반응할 뿐이다.

잠시 그의 독설을 곱씹어 보자:

> 신약성경을 읽을 때는 손 장갑을 끼는 편이 좋다. 그렇게나 불결한 것을 가까이하려면 그렇게 하지 않을 수 없다.

이 말은 기독교인의 정신을 곤두서게 한다. 거룩한 성경, 하나님께서 말씀으로 주신 그 신성한 책을 '더러운 책'이라 조롱하는 이 모독冒瀆은, 성경을 신앙의 원천으로 삼는 이들에게는 그야말로 용납할 수 없는 분노를 자아낸다. '거룩한 성경'을 하나님의 말씀으로 인정하지 못한다고 하더라도, 불결하다고 주장하는 것은 그들의 모든 신앙을 부정하는 것이기 때문이다.

니체는 『안티크리스트』뿐 아니라 자신이 쓴 수많은 저작에서 기독교인과 기독교에 대해 도저히 용납할 수 없는 발언들을 서슴없이 퍼부었다. 특히, 성직자와 신학자들을 향한 그의 조롱은 차마 읽기조차 민망할 정도이다.

한편, 전통적 기독교에 깊이 뿌리내린 이들이 이러한 니체의 비판에 대해 제대로 비판하거나 혹은 옹호하지 않는 것은 지적 능력의 한계, 혹은 참 예수신앙이 없기 때문이다. 그러니 비판도 옹호도 '안 하는 것'이 아니라 '못하는 것'이다. 그러므로 기독교인들은 니체를 '막연히' 증오해서는 안 된다. 사실 그들은 니체를 미워할 자격조차 없다. 오히려 그의 인간적 고뇌와 불행했던 삶에 깊은 연민과 애정을 가져야 한다.

하나님은 죽었다!

기독교인들은 니체의 사상은 잘 몰라도 그가 "하나님은 죽었다"라고 말했다는 사실은 잘 알고 있다. 이 선언 때문에, 니체를 마치 '하나님을 직접 죽인 사람' 인양 취급한다. 만약 중세 시대였다면, "하나님은 죽었다"라는 외침 때문에 니체는 화형당했을 것이다.

그러나 "하나님은 죽었다"라는 그의 선언은 무신론, 혹은 유신론의 차원에서 '하나님이 죽어 없어졌다' '하나님은 안 계신다'라는 주장이 아니다. 그는 기독교가 주장하는 유신론에는 관심 없었다. 설사 그것이 맞다 치더라도, 그 하나님은 기독교인들에 의해 죽임을 당한 하나님일 뿐이다.

지금 하나님은 '죽은 채로 있는 존재'다. 그것은 아예 '무신론'보다 비참한 하나님의 상태를 뜻한다. 설사 존재한다 해도, 죽어서 아무런 힘이나 효력이 없는 존재, 기독교인에게 조정되고, 심지어는 우상화되어 굳어버린 생명력 없는 존재다. 인간이 하나님을 죽인 것이다.

니체는 그의 저서 『즐거운 학문』에서 이렇게 울부짖는다:

> 하나님은 죽었다. 하나님은 죽은 채로 있다. 우리가 그를 죽인 것이다! 살인자 중 살인자인 우리는 이제 어디에서 위로를 얻을 것인가? 지금까지 세계에 존재하던 그 모든 것 가운데 가장 성스럽고 강력한 자가 지금 우리의 칼에 맞아 피를 흘리고 있다. 누가 우리에게서 이 피를 씻어 줄 것인가?

니체에게 가장 중요한 현실은 '하나님은 죽었고, 죽은 채로 있다'라는 사실이며, 동시에 '인간은 어디에서 위로를 얻을 것인가?'라는 근본적 질문이다. 그러므로 단순히 "신은 죽었다"라는 니체의 선언만을 가지고 흥분하거나 조롱하는 기독교인들과는 달리 현대인들은 니체의 이 선언에 오히려 동조하고 심지어 열광한다. 그리고 "신 없는 세계"에서 구원을 갈망하고 있고, 그 대답을 니체에게서 찾으려 노력한다.

그러므로 니체의 선언, "신은 죽었다"라는 말은 단순한 무신론적 도발이 아니다. 그것은 유럽 문명의 심장에서 오랜 시간 살아 숨 쉬던 기독교적 세계관이 더 이상 현실을 지배하지 못 하게 된, 철저하고도 냉정한 진단이다. 그 말은 곧 인간의 삶을 규정하던 중심축이 붕괴했다는 사실을 알리는, 지극히 신학적이며 동시에 실존적인 선언이다. 구체적으로 이 선언에는 다음과 같은 다층적인 의미가 있다.

첫째, 이 선언은 19세기 유럽이 경험한 '신의 부재 시대'를 보여준다. 계몽주의와 과학의 부상, 그리고 인간 중심의 세계관은 신의 필요성을 뒤로 밀어냈다. 니체는 이러한 문명사적 전환을 단순한 변화가 아니라 하나의 '비극적 사실'로 보았다. 즉, 더 이상 신을 믿을 수 없게 된 시대, 아니 신을 믿는 것이 스스로 위선을 자초하는 시대가 도래한 것이다.

둘째, 그는 "신의 죽음"을 통해 기독교 도덕의 붕괴를 선언한다. 기독교 도덕은 복종과 희생을 미덕으로 삼았고, 이는 인간의 본능과 생명력을 억압했다. 니체는 이러한 도덕을 '노예의 도덕'이라 불렀다. 그는 스스로 법을 만들고 삶의 의미를 창조하는 '위버멘쉬(초인)'의 가능성을 모색했다. 신이 죽은 자리에서 인간이 스스로 주인이 되어야 한다고 본 것이다.

셋째, 신의 죽음은 단지 부정에 그치지 않는다. 오히려 그것은 새로운 긍정의 길을 연다. 인간은 이제 외부로부터 주어진 의미에 의존하지 않고, 스스로 자신의 가치를 창조해야 한다. 니체는 이것이야말로 가장 고통스럽고 위대한 과제라고 보았다. 그는 허무주의에 빠지지 않기 위해, '가치의 전도'라는 급진적 실험을 제안한 것이다.

결국 "신은 죽었다"는 선언은 끝이 아니라 시작이다. 그것은 기독교인이건 아니건, 우리 모두에게 주어진 삶의 요청이다. 진실로 예수를 따르는 자라면, 이 선언에 담긴 불편한 진실과 도전 앞에서 귀를 닫아서는 안 된다. 신의 이름으로 행해진 모든 위선과 타락을 꿰뚫어 본 니체의 외침은, 오히려 더 진실한 신앙으로 나아가는 길목이 될 수 있기 때문이다.

2

니체가 사랑한
예수 그리스도

니체는 자신이 밝혀낸 '역사적 예수'에 대해 아쉬워하긴 했으나, 그 고귀한 존재에 대해 공격의 칼날을 들지 않았다. 때로는 비판의 언어보다 예수에 대한 깊은 사랑이 그의 내면을 고통스럽게 찢어 놓는 듯했다.

기독교가 예수의 참뜻을 배신하고 그 거룩한 진리를 온전히 외면한 채 타락의 길로 치달아가는 모습을 목도할 때, 니체의 심장은 격분과 슬픔의 불길로 타올랐다. 변질된 기독교가 예수의 이름을 자기 입맛대로 변용하며, 왜곡된 구원과 복음의 그릇된 해석, 거짓된 사랑의 허울을 걸친 채 나타나는 것을 보며 그는 본능적인 분노에 휩싸였다.

한때 목사의 길을 꿈꾸며 신학대학에 몸담았고, 문헌학자로서 예수에 관한 기록과 초기 '역사적 예수 연구'를 철저히 탐구한 그에게, 현실의 기독교는 그 자체로 저주받을 운명을 지닌 종교처럼 다가왔다.

예수가 비유로 진리를 암시한 것처럼, 소경이 소경을 인도하는 이 기이한 형국의 기독교를 파괴하는 것이 바로 니체에게 주어진 숙명이자, 인류 문명에 가장 큰 은총을 가져다줄 길임을 그의 영혼은 확신했다. 기독교는 그에게 인류의 오명이며 치명적인 실패의 상징일 뿐 아니라, 여전히 그 자태를 떨치며 살아있는 위협, 그 자체로 존재했다.

니체는 예수 복음의 몰락을 막고자 온 힘을 다해 기독교를 비판한, 또 다른 의미의 '예수의 열세 번째 제자'이다. 마치 예수가 유대교의 굳건한 뿌리를 흔들어 놓고 하나님의 뜻을 새롭게 세웠듯, 니체 역시 현실 기독교의 왜곡된 모습을 드러내며, 예수의 삶과 사상의 정수를 전하려 애썼다.

니체는 '역사적 예수'를 사랑했고, 그 예수 복음이 지닌 진정한 가치와 능력을 깨달았다. 니체는 믿음, 그 자체보다도, 복음이 실천될 때 비로소 그 힘을 발휘한다는 위대한 진리를 깨달았다. 그래서 그는 기독교 신학과 사상으로부터 자유로울 수 있었다.

니체가 전하려 했던 예수는, 기독교에 의해 가려지고 왜곡된 예수 복음의 본래 뜻이다. 니체는 말한다:

> '복음frohe Botschaft'이란 무엇을 의미하는가? 진정한 삶, 영원한 삶이 이미 그대들 안에 있다는 것이다. 사랑의 삶, 예외나 거절, 거리감이 없는 사랑으로서, 누구나 하나님의 자녀임을.*

"복음"에 대한 니체의 묘사를 읽고 있노라면, 예수 복음의 핵심을 놓치지 않는 모습에 놀라움을 금할 수 없다.

> '복음서'의 심리에는 죄와 벌이라는 개념이 그 어디에도 없다. 마찬가지로 보상이라는 개념도 없다. '죄악'이라는 것, 하나님과 인간 사이를 멀어지게 하는 모든 관계가 없

---

* 『안티크리스트』, 니체, 두행수(역), 부북스, 2016, p.48

어졌다는 것—비로 이것이 '기쁜 소식'(복음)이다.**

니체의 기독교 비판은 결코 예수나 그리스도에 대한 비판이 아니다. 그가 비판하고 저주한 '기독교의 세계'는, 우리가 반드시 넘어야 할 산이며, 건너야 할 거친 광야와도 같다. 이 시험을 이겨내야만, 기독교는 풀어야 할 숙제의 해답을 찾을 수 있다. 니체의 날카로운 비판 앞에 정직하게 맞서는 기독교만이, 진정 건강한 기독교라 할 수 있다.

따라서 기독교인들은 니체의 비판을 회피하거나 두려워해서는 안 된다. 오히려 강한 도전으로 받아들이고, 당당하게 응전해야 한다.

"주여, 내가 가오리다"

니체가 기독교를 정죄하지 않거나, 증오하지 않는다는 것은 자기 학문적 엄밀함과 진실함을 스스로 배반하는 것이었다. 더욱이 '예수 없는 기독교'가 마치 문명을 지탱하는 듯한 오만함에 젖어 있는 것을 차마 눈 뜨고 볼 수 없었다. 그 기독교로 말미암아 그는 역설적으로 더욱 성큼 다가온 '하나님 죽

** 위의 책, p.55

음의 세계'를 직시했다. 그리고 이에 따라 곧 닥쳐올 허무의 세계를 살아가야 할 문명을 지나칠 수 없었다. 그래서 그는 '기독교 이후 post-christendom 세계'에 대안을 제시하려 한 것이다.

이제 니체는 인간과 문명을 병들게 하는 나름의 원인을 찾았다. 그는 그것을 도려내고, 제거하는 것을 자신의 사명으로 여겼다. 이 사명감은 전통적인 기독교 집안에서 목사의 아들로서의 배교背敎요, 기독교 신앙의 배신背信이었다.

니체의 기독교 비판을 생각하면 그가 한때 그 누구보다 순수하고 철저한 신앙인이었다는 사실을 간과하게 된다. 그리고 지식이나 신념이 아니라 신앙의 변질이나 포기는 그리 쉬운 것도 아니요, 또 완벽한 제거 또한 불가능하다는 사실도 지나친다. 그래서 니체의 사상 깊이 남겨 있는 기독교의 토양을 가볍게 여기곤 한다. 그러나 니체가 예수나 하나님을 부인하는데 매우 인색했다는 사실만 보아도 그의 '숨겨진 신앙'을 가볍게 여기지 말아야 한다.

니체가 18세 때(1862년) 쓴 신앙 시 "당신이 불렀으니—주여, 내가 가오리이다"를 읽어보자.

주여, 당신이 불렀습니다.
나는 발걸음을 서둘러
당신의 왕좌 아래에
머리를 조아립니다.

당신의 빛나는 눈동자는
사랑으로 불타올라 내 마음 깊은 곳까지
한없이 부드럽고, 애절하게 빛납니다.
주여, 내가 가오리다.

나는 타락했습니다.
술에 취해 비틀거리고
넘어져 지옥에 떨어져 고뇌하기 위해 선택되었습니다.

당신은 아득히 저 먼 곳에 있었습니다.
당신의 눈동자는 형용할 수 없이
민첩하게 자주 나를 붙잡으니
이제 나는 기꺼이 가오리다.

나는 죄로 얼룩진 밤의 저편에서

두려움에 떨며

뒤를 돌아볼 수조차 없습니다.

당신을 떠날 수도 없는 저는

여러 밤을 두려움에 떨면서

슬픔에 빠져

당신을 바라보며, 당신을 붙잡지 않으면 안 됩니다.

당신은 더없이 자애로우시며

성실하고 긍휼하신 분,

사랑으로 넘치시는 분.

죄에서 정결케 하시는 그리스도여!

당신에게 돌아가기 위해

나의 오감과 생각을

당신의 사랑 속에 빠져들게 하려고

나의 욕망을 잠재워야 합니다.

    고등학생 시절에 쓴 이 시 중, '주님의 부름에 머리를 조아리며 나아간다는 고백에서 그는 '주님'께 철저하게 순명順命하는 순수한 신앙으로서의 모습을 드러내었다. 이때 그를 맞이한 주님은 '빛나는 눈동자는 사랑으로 불타올라' 니체의 마음 깊은 곳까지 만져주는 사랑의 주님이다. 그 눈빛은 '한없이 부드럽고, 애절하게 빛나는 눈빛'이다.

이 시에서 니체는 자신이 주님으로 사랑받는 존재임을 표현한다. 그래서 그에게 기꺼이 나아가기를 결심한다.

동시에 니체는 그 주님 앞에서 자신의 적나라한 모습을 본다. 그것은 그 빛나는 주님 앞에 서기에는 부끄럽고 '타락한 모습'이다. 지옥에서 고뇌하고, 죄로 얼룩진 저편에서 두려움에 떨고 있는 모습이다. 그러나 주님이 다시 붙잡아 주었음을 고백하고, 그러기에 주님께 나아간다고 고백한다. 니체에게 예수는 "더없이 자애로우시며 성실하고 긍휼하신 분, 사랑으로 넘치시는 분. 죄에서 정결케 하시는 그리스도"였다. 적어도 이 시를 쓸 당시 니체에게 예수는 바로 그리스도였고, 그의 부르심을 깨달았고, 그래서 비록 자신은 타락했고, 죄악의 저편에서 고뇌하지만 겸손하게 응답하고 있다.

젊었을 때 하나님을 향한 그의 갈망 또한 들어보자:

한 번 더, 걸음을 계속하고

내가 가야 할 앞쪽을 바라보기 전에,
나는 고독 속에서 손을 위로 올립니다.
나의 피난처인 당신에게
내 마음의 깊은 곳 중에 가장 깊은 곳에서
엄숙하게 쌓은 제단을 당신에게 바칩니다.
그래서 항상 당신의 목소리가
다시 나를 부를 수 있도록…*

    이런 주님을 향한 니체의 절절한 고백과 하나님을 향한 갈망은 도대체, 언제, 어떻게, 왜?, 안개처럼 사라져 버렸을까? 궁금하지 않을 수 없다. 니체 연구가들도 그 이유를 추측할 뿐, 그 계기가 무엇이었는지 분명하지 않다. 그러나 그보다 중요한 것은 적어도 '그리스도'로서의 예수믿음은 점점 희미하게 나타나지만, 니체의 역사적 예수 이해와 그에 대한 사랑과 연민은 죽을 때까지 중단되지 않았다는 것이다. 그는 기독교와 타락한 성직자의 속살을 보면 볼수록 분노했다. 그 자신이 사랑하고 이해한 예수의 본래 모습을 기독교가 도덕과 값싼 동정의 이름으로 파괴하고 있었기 때문이다.

* 『니체』, 레날드 J. 홀링데일, 북캠퍼스, 2017, p.54 재인용

"예수는 자유정신"

니체는 『안티크리스트』에서 예수와 복음에 대해 다음과 같이 자신 있게 고백한다.

> 조금 느슨하게 표현하자면, 예수를 일컬어 하나의 '자유정신'이라고 부를 수도 있으리라. 그는 고정된 것에 전혀 관심을 보이지 않기 때문이다. 그가 유일하게 알고 있던 '삶'의 경험이란 개념은 그에게는 온갖 종류의 말, 공식, 법, 신앙, 교리와 대립하는 것이었다. 그는 오직 가장 내면적인 것에 대해서만 말했다. '삶' '진리' 혹은 '빛'은 가장 내면적인 것에 대하여 그가 사용한 말이다.

니체는 기독교를 저주하면서도 '예수'라는 존재가 지닌 가치, 그 핵심을 놓치지 않았다. 니체는 먼저 예수의 삶이 지닌 본질적인, 즉 그의 내면적인 세계를 직시했다. 한 걸음 더 나아가 니체는 내면적 삶의 영역을 밖으로 드러내려 했던 예수의 실천적인 삶을 통찰한다.

> 구원자Erloeser의 삶이란 바로 이러한 것(진리, 빛 등)을 실천

하는 것 외에 아무것도 아니었다.—그의 죽음조차 다르지 않았다……. 그는 하나님과 소통할 수 있는 어떤 형식도, 어떤 의식도 필요하지 않았다.—기도조차 불필요했다. 그는 모든 유대교적인 회개와 화해의 교설과는 관계를 끊어 버렸다. 그는 오직 삶의 실천만이 사람들로 하여금 스스로 '신적이고' '복되고', '복음적이고', 언제나 '신의 아들'로 느끼게 해주는 것이라고 알고 있었다. '회개'도 '용서를 비는 기도'도 하나님께 이르는 길은 아니다. 오직 복음적인 실천만이 하나님께 인도하며, 그 실천이 바로 '하나님'인 것이다.

니체에 따르면, 복음을 가져온 예수는 자신이 가르친 대로, 죽은 유일한 인간이었다. 그것은 복음의 실천이었으며, 그것은 곧 우리가 살아야 할 삶의 실천을 보여주기 위함이었다. 다시 니체 자신의 말을 들어보자.

> 이 '기쁜 소식을 가져온 자'는 그가 산 방식대로, 가르친 방식대로 죽었다. 이는 인간을 구원하기 위해서가 아니라, 사람은 어떻게 살아야 하는 가를 보여주기 위해서였다.

(구원자)그가 인류에게 남긴 것은 바로 실천이었다. 재판관과 추적자, 고발자, 그리고 온갖 종류의 증상과 조소 앞에서 보여준 그의 태도 – 그리고 십자가 위에서 보여준 그의 태도, 그는 저항하지 않는다. 그는 자신의 권리를 변호하지 않는다. 최악을 피하려고 대응하지도 않는다. 오히려 그는 사태를 도발한다…… 그리고 자신에게 악을 행하는 자들과 더불어, 그들 안에서 간절히 기도하고, 괴로워하고, 사랑한다…….

이 또한 얼마나 예수에 대한 기독교의 근본적인 이해를 뒤흔드는가! 복음 전달자 예수가 살고 죽은 것이 구원이 아니라 '인간이 어떻게 살아야 하는지를 보여주기 위함'이었다는 선언은 큰 충격이다. 이 말은 '구원'이라는 종교적 언어로 추상화된 예수의 삶을 현실감 있게 부각시킨다.

망치를 든 신학자, 니체

니체가 본Bonn 신학대학을 자퇴하고, 문헌학과로 전공을 옮긴 것은 기독교에 대한 오랜 의심과 판단의 결단이었다. 당시 기독교 신학과 성직 계급, 교회의 타락은 학문에 대한 열정,

공부와 토론, 자유로운 사고思考와, 실천에 둘도 없는 걸림돌이었다.

그러나 니체는 기독교를 떠난 지 수십 년이 지난 후에도, 예수와 복음의 핵심을 놓지 않았다. 그런 그에게 기독교는 학문의 장애일 뿐 아니라, 문명을 오염시키고 독소 같은 실체로 드러났다. 그럼에도 그는 더 넓고 깊은 학문 세계에서 역사적 예수와 기독교를 직시하는 것을 게을리하지 않았다.

니체는 예수와 복음에 대해 기존 기독교에서 말하는 다른 방식과 내용으로 그 핵심을 말할 뿐이다. 또한 그는 예수와 복음의 빛이 더욱 드러나도록 '기독교의 암울한 어둠'을 배경으로 깔아 놓았다. 니체로 인해 다시 우리는 복음의 진수를 맛본다. 그리고 왜 우리가 니체의 기독교 비판을 예수 혹은 그리스도, 또는 복음 비판으로 착각해서는 안 되는지, 그 이유가 더욱 분명해졌다.

니체는 역사적 예수를 사랑했고, 그 복음이 지닌 능력을 알아차렸다. 그리고 그 '복음'을 다만 믿어서가 아니라 '복음답게 실천할 때 비로소 복음이 된다'라는 위대한 복음의 핵심을 간파한 사람이다. 니체는 예수야말로 자기가 말한 대로 살아간 유일한 존재였음을 선포했다. 이런 그를 왜 "예수의 열세 번째 제자"라 비유하기를 주저하겠는가!

예수의 열두 제자가 예수의 복음을 전함으로 예수 신앙의 토대를 닦았다면, 열세 번째 제자는 기독교의 잘못된 토대를 무너트림으로 예수 믿음을 전한다. 열두 제자가 십자가에서 죽은 예수를 부활한 그리스도로 전했다면, 열세 번째 제자는 망치를 들어 기독교 안에 왜곡되어 갇혀 있던 예수의 무덤 돌문을 부수고 예수를 꺼낸다. 또한 열두 제자가 새로운 기쁜 소식을 전했다면, 열세 번째 제자는 기독교 안에 묻혀 있던 '기쁜 소식'을 캐낸다. 아직도 "예수의 열세 번째 제자 니체"라는 말이 목에 걸리는가? 그는 니체를 모르거나 예수, 혹은 기독교를 모르는 사람이다.

디오니소스적 예수이해

니체의 예수를 한마디로 정리 하자면, 그 사상을 관통하고 있는 예수이해는 "디오니소스적인 예수이해"이다. "디오니소스"는 니체의 첫 저작인 『비극의 탄생』(1872)부터 마지막 자서전 성격의 『에코 호모』(1888)에 이르기까지 그의 사상에 흐르는 중심 멜로디였다.

니체에게 디오니소스는 단순한 신화적 상징이 아니라, 인간이 자신의 고통과 허무를 예술적·창조적으로 전환하고, 스스로 가치를 재창조해 "삶을 예술로" 승화시키는 근본 동력이다. 또한 그의 사상 여정 전반에 걸쳐, 디오니소스는 기독교 문명과 도덕·종교가 억압한 생명력을 회복시키는 열쇠이자, 개인과 공동체가 자기 자신을 극복하고 새로운 가능성으로 나아가도록 이끄는 원천으로 작동한다.

기독교를 이해하는데 있어서도 니체에게 '디오니소스'는 중요한 가치판단의 기준이다. 니체는 『안티크리스트』와 『에코 호모』에서도 기독교적 금욕주의를 비판하면서, 그 토대 위에 억눌린 생명력을 해방시키는 디오니소스의 중요성을 강조한다.

니체에게 있어서 예수는 단순한 "종교 창시자"나 "구세주"가 아니라, 기쁨과 비극이 뒤얽힌 삶의 본능을 찬양하는 디오니소스적 인물(디오니시안)이었다. 그렇다면 구체적으로 니체의 디오니스적 예수 이해는 무엇을 말하는가? 그의 디오니소스적 예수 이해의 특징을 다섯 가지로 정리할 수 있다.

첫째로 삶에 대한 무조건적 긍정이다. 니체는 디오니소스를 고통과 환희, 죽음과 재생을 하나로 껴안는 힘으로 이해했다. 그처럼 니체는 예수가 십자가 위에서 보인 "저항 없고, 자기방어 없이, 오히려 악을 초월해 사랑함"의 태도가 바로 삶의 본질―고통조차도 거부하지 않고 긍정하는―을 찬미하는 디오니소스적 자세라고 보았다.

둘째로, 아모르 파티 Amor fati, 즉 운명을 사랑함이다. 예수가 "내가 원하던 길이 아니더라도" 십자가를 기꺼이 받아들인 것은, 자신의 운명을 긍정하고 사랑하는 태도, 즉 니체가 말한 아모르 파티의 전형이다. 디오니소스 전통에서 볼때 운명은 거스르는 대상이 아니라 성장의 힘이며, 예수는 그 힘을 몸소 보여주었다.

셋째로, "새로운 공동체"를 지향하는 디오니소스적 축제의 특성 또한 예수에게서 나타난다. 니체는 디오니소스 숭배가 개인을 초월해 모두를 하나로 묶는 축제 정신이라 해석했다. 예수가 강조한 "너희 중에 가장 작은 자 하나에게 한 것이 곧 내게 한 것"이라는 사랑의 계명은, 계급·혈통··율법을 넘어선 디오니소스적 공동체, 곧 인류 모두가 형제자매로 어우러지는 축제적 연대를 예표한다.

넷째로, 니체는 아폴로적 질서 너머의 초월을 뜻하는 디오니소스적 요소가 예수에게서 발견된다고 보았다. 아폴로가 합리·형식·조화를 상징한다면, 디오니소스는 열정·혼돈·본능을 뜻한다. 니체는 기존의 교리와 율법으로 대표되는 "아폴로적 기독교"를 비판하면서, 예수 자신은 오히려 디오니소스적 본능에 의해 움직였다고 보았다. 곧 그가 가르친 것은 규범이 아니라 "행함", 삶의 리듬과 리듬 속에서 이루어지는 사랑과 희생이었다.

마지막으로 "비극적" 구원관 또한 예수와 디오니소스가 닮아 있다고 생각했다. 디오니소스적 세계관이 불가피한 비극을 삶의 불가결한 부분으로 인정하듯, 예수의 십자가와 부활 이야기도 고통과 죽음을 통해 새 생명을 잉태하는 비극적 구원 서사로 이해될 수 있다. 니체에게 그 모티브는 "비극의 낙관"이며, 삶의 가장 극단적인 상황에서도 창조적 힘이 샘

솟음을 보여주는 디오니소스적 정신과 상통한다.

　결국 니체는, 예수가 전한 복음의 "진정성"을 규정짓는 것은 엄격한 율법이나 교리 해석이 아니라, 고통을 긍정하고 그 속에서 타자와 연대하며 삶을 축제로 바꾸는 디오니소스적 본능의 구현이라고 보았다. 그에게 디오니소스는 인간 내면의 가장 원초적인 "예술가적 충동"이었고, 예수는 바로 그 충동을 인류 역사 속에 충만하게 펼쳐 보인 '디오니소스의 최후의 전사'였다.

니체의 얼굴을 보라!

　지금까지 언급한 니체의 사상을 특징짓는 몇 가지 모습을 네 가지 얼굴로 묘사해 보자.

　첫 번째 얼굴은 "안티크리스트"로서 니체다. 니체에게 있어서 기독교 비판을 위한 시도는 그의 사상의 출발점이자 마무리라고 해도 과언이 아니다. 인류 역사의 오점汚點인 기독교를 해체하는 것만이 인류 문명을 구원하는 길이라 믿었다.

두 번째 얼굴은 "자유 정신"의 얼굴을 지닌 자로서, 니체는 허무주의적 운동으로서의 철학에 대한 비판가다. 니체에 대한 황당한 이해 중 하나는 그를 '니힐리즘, 즉 허무주의 철학자'로 보는 선입견이다. 이것은 그의 흑백 사진에서 풍기는 느낌이나, 그의 정신병 발발, 그리고 쓸쓸한 죽음 때문일까? 그러나 이런 이해는 마치 그를 "적그리스도"로 이해하는 것만큼이나 어처구니없는 이해다.

허무주의자이기는커녕 니체는 '신이 죽은 사회, 신이 사라진 시대', 그래서 허무를 맞이하게 되는 인류에게 '어떻게 살아야 의미 있고, 행복한 삶을 살 것인가'에 대한 방향과 대안을 제시한 사상가이다. 현대인이 니체의 사상에서 삶의 길을 찾았다고 실토하고 있는 것이 바로 그 증거다. 또한 왜 현대 많은 철학자들이 그의 사상에서 영양분을 섭취하려고 혈안이 되었는지도 알 수 있다. 이는 니체의 사상이 이 현대에도 인생과 인류가 걸어가야 할 또 하나의 길을 보여주기 때문이다.

세 번째로 비도덕주의자로서 니체의 얼굴이다. 비도덕주의자로서의 니체. 그것은 도덕을 해체하려는 사상가의 얼굴이며, 선과 악, 죄와 덕, 천국과 지옥 사이를 구분하던 오랜 도덕의 지도를 불태운 사람의 얼굴이다. 이 얼굴은 냉소의 표정을 지으며 이렇게 묻는다. "누가 너에게 그것이 선하다고 가르쳤는가?"—그리고는 대답하지 않는다. 그는 질문 자체가 더 중요하다고 믿기 때문이다.

니체는 도덕이란, 힘없는 자들이 강한 자를 묶기 위해 고안한 복수의 장치라고 보았다. 즉, 도덕은 약자의 무기이며, 고통받는 자들이 세상을 해석하고 정당화하는 방식이다. 순종, 겸손, 금욕은 '선'이고, 자긍심, 욕망, 힘은 '악'이다.—이 거꾸로 된 가치 체계야말로 니체가 타도하고자 한 것이다.

그래서 그는 자신을 "비도덕주의자"라고 선언한다. 그러나 그것은 단순한 도덕의 거부가 아니다. 오히려 도덕의 기원을 묻고, 누가 그것을 만들었으며, 누구를 위해 존재하는지를 추적하는 철학자의 자세이다. 그는 '도덕의 계보'를 뒤쫓아, 그 뿌리에서 신의 명령이 아니라 인간의 약함, 공포, 질투를 보았다.

이 얼굴은 광기의 눈을 닮았지만, 동시에 통찰의 눈을 갖고 있다. 그것은 정의의 탈을 쓴 질투를 알아보고, 순결의 가면

뒤에 숨어 있는 삶에 대한 혐오를 꿰뚫어 본다. 니체에게 진리는 도덕의 세계 그 너머, 삶 그 자체의 힘과 충동 속에서 다시 태어난다.

비도덕주의자로서의 니체는 묻는다.

네가 선하다고 믿는 그것은, 너를 약하게 만들지는 않았는가?

그리고 그는 선언한다. 새로운 인간이 필요하다고. 낡은 도덕의 죄의식에서 벗어나, 자신의 가치를 창조하는 인간―초인Übermensch이 되어야 한다고. 그것이 바로 이 비도덕주의자의 얼굴, 도덕을 넘어선 윤리의 선언이다.

니체의 네 번째 얼굴은 "디오니소스"로서 얼굴이다. 니체는 모든 고정된 질서를 해체하고, 삶의 혼돈을 긍정한다. 디오니소스는 고통을 피하지 않는다. 오히려 고통을 통해 삶의 심연에 다가간다. 니체는 이렇게 쓴다:

나는 바로 이 조롱받는 자이며, 버림받은 자이며, 십자가에 못 박힌 자다.

이것은 고통의 극복이 아니라 고통과의 일치를 통해 삶을 긍정하는 태도이다.

디오니소스 얼굴은 또한 놀이의 얼굴, 춤추는 얼굴이다. 디오니소스적인 인간은 무거움을 가볍게 하는 법, 진리를 춤추게 하는 법을 안다. 이는 니체가 『차라투스트라』에서 말한 "춤추는 별을 낳기 위한 혼돈"의 이미지와 맞닿아 있다. 그것은 삶을 철저히 긍정하는 얼굴이다.

삶은 무의미하고 반복된다. 그러나 디오니소스는 말한다:

이 삶, 또다시, 그리고 영원히!

니체에게 있어 디오니소스는 영원회귀의 신, 운명에 대한 사랑의 얼굴이다.

이제 한번 예수의 마음과 눈빛으로 니체를 바라보자. 과연 그리스도 예수는 젊은 시절, 자신을 향해 저토록 간절하게 고백한 니체를 끝내 배척하셨을까? 평생 육체적 고통을 당하면서 하나님을 원망하거나, 삶을 저주하지 않고, 운명을 사랑하며, '어린아이와 같은 삶' 지향한 그를 지옥에 보내셨을까? 그것도 자신과 참 하나님을 거부한 것이 아니라 '만들어진 신', '예수를 우상화한 기독교'를 비판함으로 하나님과 예수의 참 모습과 드러내려 했던 그를? 이것은 성경에서 말하는 예수 그리스도나 하나님이 수용할 수 없는 시각이다. 한번 사랑하신 이를 끝까지 사랑하는 하나님이 아니신가!

3
『안티크리스트』는 어떤 책인가?

우선 책 제목부터 살펴보자. 이 책의 독일어 제목인 "Der Antichrist"를 영어 "Anti-Christ"로 읽어 "적(適)그리스도"로 번역하거나 이해하는 사람들이 있다. 이런 황당한 이해는 결코 가볍게 지나칠 수 있는 단순한 실수가 아니다. 단순히 독일어 어법을 이해 못 해서도 아니다. 이것은 니체에 대한 선입견으로 말미암은 의도적(?) 왜곡이며, 니체의 기독교 비판을 폄하하고 곡해하게 만드는 시도다. 니체는 예수를 적대시하며, 비판한 적이 없고, 또 이 책의 목적 또한 역사적 예수, 그리스도를 비판하기 위해 쓴 책이 아니다. 그럼에도, 이 책에 대해 잘 모르는 기독교인이 이 책의 제목을 "안티그리스도"로 읽게 되는 순간, 니체의 의도와는 정반대로 니체를 '적敵 그리스도'로 정죄하게 된다.

이 책 제목의 올바른 번역은 "안티 기독교(인)", 정관사 Der가 있으므로 '안티 기독교 하는 사람'이다. 즉 '안티크리스트'는 니체 자신을 지칭한다. 그는 정신사적으로 기독교를 구성하고 있는 사상적 기반, 가치관과 시스템을 때로는 문헌학적으로, 때로는 역사 심리학적으로, 신학적으로 비판하는 '안티크리스트'다. 실제로 니체는 자신의 저서 『이 사람을 보라!Ecce Homo』에서 "나는 안티크리스트"라고 말한다:

> 매우 독실한 기독교인들은 언제나 나에게 호의적이었다. 나 자신은 기독교에 꼭 필요한 적敵이다.

그렇다! 니체는 기독교 안에 공고하게 세워진 우상을 파괴하려 한 '안티크리스트'다. 나아가 기독교라는 견고한 건축물 자체를 파괴함으로써 오히려 그 안에 갇혀 있는 예수, 예수의 복음, 예수의 하나님 나라의 진상眞相을 보게 하는 '안티크리스트'다. 오늘날에도 그는 여전히 기독교의 적이다. 그러나 유용한 적임이 틀림없다.

니체의 사상적 마지막 책, 『안티크리스트』

이제 『안티크리스트』의 내용에 대해 살펴보자. 이 책은 다음과 같이 구성되어 있다.*

- **1부** 비판의 근본원리: 서문과 1절에서 13절까지
- **2부** 그리스도교를 다른 종교와 비교함, 그리스도교의 신 개념과 불교: 14절~24절
- **3부** 이스라엘에서 이루어진 자연적 가치의 탈자연화와 '구세주의 유형': 24~35절
- **4부** 재앙으로서의 그리스도교의 역사: 36절~49절까지
- **5부** '신앙의 심리학'과 그리스도교의 정치화: 50절~62절,
- **부록** 기독교 반대법

이 『안티크리스트』는 저술 연대기로 볼 때 니체의 마지막 책이다. 물론, 그의 책 『이 사람을 보라!』가 이 책보다 늦게 쓰여지긴 했지만, 그 책은 자서전적 성격이 강하기 때문에 사상의 연장선에서 볼 때 『안티크리스트』를 마지막 사상 저서로 보는 것이 옳다. 이 말은 이 책의 내용이 그만큼 농밀하고, 중요하다는 뜻이기도 하다. 저술을 시작한 지 30일 만에 쓴

---

* Andreas Urs Sommer, 『Der Antichrist-Fluch auf das Christentum』, mit Beittraege von Urs Sommer und Thomas Joecher, RaBaka Publishing, Neuenkirchen, 2008, 113p.

이 책은 니체 스스로 매우 드물게 만족한 책이기도 하다.

니체는 1884년 "영원회귀"라는 대작大作을 기획한다. 후에 이 기획의 이름은 "권력의지"로 변경되었고, 1888년 가을까지 4년 동안 몰두해 무려 25개의 계획안을 만들었지만, 다시 "모든 가치의 전도轉道"라는 이름으로 바꾸고 다시 3부작으로 기획했다. 본래 『안티크리스트』는 이 3부작의 하나로 기획된 책이었다. 그리고 그 첫 책으로 출판되었다.

니체는 현실 세계에서 모든 가치가 뒤바뀌어야 한다 믿었고, 그런 가치의 전도가 어떻게 발생하는지를 연구하고 저술하기를 바랐다. 니체는 그의 저서 『황혼의 우상』에서 "가치의 전도"에 대해 이렇게 말한다:

> 모든 가치의 전도. 이 질문은 너무나 어둡고, 무시무시해서 이 질문을 던지는 사람에게 그늘을 드리운다. 이러한 과제의 운명은 무거운, 너무나 무거운 진지함을 털어버리도록, 매 순간 해를 향해 달리도록 강요한다. 이 과제를 위해 모든 수단은 정당화되고, 각각의 '경우'는 하나의 행운이다.

지금까지 세상에서 인정된 가치들을 뒤집고, 그것에 새로운 방향을 제시한다는 것은 '운명'에 속한 것이며, 그것의 진지함이 너무 무거워 '태양을 향해 달려야 하는 강요'를 받을 정도다. 그만큼 힘겨운 일이다. 그러나 감당해야만 하는 운명 같은 사명이었다.

역사의 갈림길을 만들 『안티크리스트』

니체는 "가치의 전도"에 있어서 가장 먼저, 가장 시급히 일어나야 할 곳은 바로 기독교라고 판단했다. 즉, "안티크리스트", 즉 기독교(인)를 반대Anti하고, 그동안 기독교가 주장한 모든 가치를 뒤집는 것이야말로, 모든 가치 전도의 새로운 시작이며 동시에 마무리다. 그는 이 시도는 인류에게 큰 충격을 주리라 예상했다.

그는 1888년 9월 14일, 친구 도이센에게 보낸 편지에서 다음과 같이 말했다:

> 그것(안티크리스트)은 인류의 역사를 두 조각으로 쪼갤 것이네…. 자유로운 사람은 더는 자유롭지 않게 될 것이네. 가

> 장 중요한 것이 내리는 가치 결정 때문에, 겁 많고 연약한 인격에는 관용의 영토가 축소되지. 기독교인이 된다는 것은…. 그때부터 추잡한 일이 될 것이네. 인류가 지금까지 알고 있던 가장 철저한 전복이 이미 내 안에서 그 길을 내고 있네

니체는 이 작은 책이 인류의 역사를 두 조각으로 쪼갤 정도의 파괴력을 지닌다고 믿었다. 그동안 기독교라는 틀 안에서 자유로웠던 사람은 이 책을 통해 더 이상 자신의 자유가 참 자유가 아니라는 것은 발견하게 된다. 그 이유는 이 책을 통해 기독교의 속살을 들여다볼수록, 진리라고 말한 것의 허상을 보게 될 것이라 확신했기 때문이다.

새로운 가치 결정으로 인해 인내는 한계에 다다르고, 결국 기독교인이 된다는 것이 얼마나 추잡한 것인가를 발견하게 되리라는 그의 예언은 이 책의 지향점을 분명하게 한다. 니체는 『안티크리스트』를 통해 '가장 철저한 전복의 길'을 낸 것이다. 그러므로 이 책의 부제 "기독교에 대한 저주"는 결코 빈말이 아니다.

니체는 마치 예수가 자신이 십자가에서 저주를 받아야, 새

로운 세계가 열린다고 믿었듯이, 기독교가 저주받아야 세계의 가치가 바로 서고, 인류가 걸어가야 할 방향이 제대로 설정된다고 믿었다.

기독교 반대법 제정

니체는 『안티크리스트』에 "기독교에 관한 법률", 일명 〈기독교 반대법〉을 제정하여 부록으로 실었다. 제정하는 날짜도 의미 있다. 『안티크리스트』의 마지막 단락은 다음과 같이 끝난다:

> 그리고 사람들은 시간을 그 저주받은 날dies nefastus, 운명이 시작된 그날을 기점으로 계산하고 있다.―곧 기독교의 첫날로부터!
>
> 그렇다면 왜 오히려 그 마지막 날로 계산하지 않는가? 오늘로 계산하지 않을 이유가 있는가? 가치들의 전도 Umwerthung aller Werthe가 일어난 오늘부터!

그리고 이어지는 부록에서 니체는 "기독교 반대법"Gesetz

wider das Christenthum의 시행날짜를 "구원의 날에 주어진, 제1년의 첫날에"(―거짓된 연대기인 1888년 9월 30일에)라고 표시함으로 『안티크리스트』가 이 법의 시행의 토대가 됨을 강조한다.

이 법의 내용은 다음과 같이 시작한다:

"죄악에 대한 죽음의 전쟁: 그 죄악은 바로 기독교다."

제1조
악덕이란 모든 종류의 본성 거스름이다. 가장 악덕 같은 인간 유형은 사제다. 그는 '본성 거스름'을 가르친다. 사제를 향한 태도에는 '논거'가 없다. 그에게는 감옥이 필요하다.

제2조
어떠한 예배 행위에든 참여하는 것은 공공 도덕에 대한 공격이다. 가톨릭보다 프로테스탄트에게 더 가혹해야 한다. 그리고 경건한 자보다 자유주의적 프로테스탄트에게 더욱 가혹해야 한다.

과학에 가까워질수록, 기독교인이 된다는 범죄는 더욱 커진다. 모든 범죄자 중 가장 큰 범죄자는 철학자다.

제3조

기독교가 바실리스크(괴물)의 알을 품었던 그 저주스러운 곳은 지면에서 쓸어버려야 한다. 그리고 저주받은 땅으로 남아, 모든 후대의 공포가 되어야 한다. 그곳에는 독사들을 사육해야 한다.

제4조

금욕을 설교하는 것은 공공연한 본성 거스름 선동이다. 성적인 삶에 대한 모든 멸시는 "불결하다"라는 개념으로 더럽힘은 바로 생명의 성령에 대한 죄다.

제5조

사제와 한 식탁에 앉는 것은 자신을 단정한 사회에서 파문하는 행위다. 사제는 우리의 찬달라다. 그를 매장하고, 굶주리게 하며, 모든 종류의 황무지로 내몰아야 한다.

제6조

"성스러운" 역사라 불리는 것을 그 이름대로 불러야 한다:

저주받은 역사.

"하나님", "구세주", "구속자", "성자"라는 말들은 모욕과 범죄자 표식으로 사용해야 한다.

제7조
그 이후에 일어날 모든 것, 시행되어야 할 모든 처분은 자동으로 따라온다.

위와 같이 니체는 '기독교에 대한 저주'로 끝나지 않고, 아예 법으로 기독교를 탄핵한다. 그만큼 니체의『안티크리스트』는 기독교를 내리치는 도끼요 망치다. 안주와 퇴보의 기로에 서 있는 기독교에 주는 날카로운 자극이요 도전이다. 병들어 썩은 기독교를 해부하는 수술칼이다.

그렇다면 나는 어떻게 '기독교에 대한 저주'는 역으로 새로운 기독교의 방향과 내용을 제시하는 축복 선언으로 읽을 수 있게 되었나? 그것은 니체의 글에서 마치 '욕쟁이 할머니'가 욕을 해대는 심리와 유사한 마음을 느꼈기 때문이다. 사랑과 친근함을 유발하는 그런 할머니의 욕 말이다.

그래서 목사든 신학자이든, 혹은 평신도이든 『안티크리스트』는 기독교인으로서 성숙한 신앙을 위한 욕설이다. 『안티크리스트』는 우리 가슴에 불을 지른다. 니체는 예수의 삶과 복음, 예수의 하나님 나라에 대해 뜨거운 열정을 새롭게 일으킨다.

그러나 이러한 깨달음은 『안티크리스트』를 액면 그대로 읽는 것만으로는 부족하다. 이 『안티크리스트』 책을 앞에서 읽고, 뒤에서 읽고, 뒤집어 읽어, 거꾸로 읽고, 통전적으로, 다각적으로 읽고 소화해야 한다. 그럴 때 우리와 역사적 예수의 심장을 직접 맞닿은 세계로 인도하는 열세 번째 제자로서의 니체 역할이 뚜렷하게 보일 것이다.

PART II

『안티크리스트』 거꾸로 읽기

서문序文

　이 책은 '생각 있는 극소수의 기독교인'을 위한 책이다. 아마 기독교인 중 대다수는 이 글을 이해할 수도 없고, 혹은 이해하려고 하지도 않을 것이다. 만약 그들이 이 글을 읽고 수용할 수 있다면 정녕 그들은 예수를 깊게 이해할 수 있는 사람이 될 것이다. 그러나 '이해될 수 있는 예수'와 '이해할 수 없는 예수'를 혼동하지 않기를 바란다.

　자신이 예수를 이해할 수 없다고 해서, 이해되지 않는 예수라 말할 수 없다. 정말로 예수는 이미 문제시되었고, 따라서 그의 확신대로 죽은 후에야 비로소 그를 믿는 사람들의 수가 점점 많아졌다.

　이야기를 시작하기에 앞서, 예수를 제대로 이해하기 위해서는 필연적으로 몇 가지 조건들이 요구된다는 사실을 말하고 싶다. 신앙의 영역인 예수의 사랑, 믿음, 소망, 그리고 예수의 열정을 이해하기 원하는 이들은 철저하게 공부하고 동시에 하나님 말씀과 기도로 수련해야 한다.

그들은 홀로 있음에 익숙해야 한다. 정치와 썩은 문화의 가련하고 덧없는 주장과 현상 따위에는 눈곱만치도 관심이 없어야 한다. 그들은 냉정하면서 뜨거워야 한다. 진리가 무엇인지? 진리를 어떻게 알고, 깨달을 수 있는지. 그리고 진리를 어떻게 실천할 수 있는지 감히 물어야 한다.

오늘날 문제 삼기 두려운 문제들을 과감하게 문제 삼을 수 있는 용기, 배교자라 비난받을 용기, 신비의 심연深淵으로 직입直入하는 운명, 여덟 가지의 행복八福 체험, 새로운 음악에 열려 있는 귀―왜냐하면 참 음악은 하늘나라에서 주어지기 때문이다―, 진리를 볼 수 있는 혜안慧眼, 그리고 이제까지 무시되어 온 진리들을 위한 깨끗한 양심, 위대한 하나님의 경륜을 향한 의지. 즉 그의 힘과 영감靈感을 한곳에 모으는 것……. 더불어 자기 존중, 자기 사랑, 자기 자유……

그렇다! 이러한 사람만이 참 그리스도인, 진정한 예수의 제자이며, 예수 복음의 애독자다. 그들은 예수와 운명적인 관계를 맺은 이들이다. 나는 그 나머지 '기독교 믿는다' 하는 이들에 대해 관심 없다. 그 사람들은 '그리스도인'이 아니라 한낱 '기독교인'일 뿐이다. 우리는 영혼의 높음으로써, 영성의 힘으로써, 그리고 경멸로써 기독교를 넘어서야 한다.

1
신앙, 그리고 존재로서의 돌파

우리의 신앙 얼굴을 유심히 바라보자. 우리는 혼돈의 세상 너머에 살고 있는 그리스도인이다. 우리는 가까이에 하나님 나라가 있고, 이미 그곳에 살고 있음을 잘 알고 있다. "하나님 나라가 여기 있다, 저기 있다고 하지 말라. 하나님 나라는 네 안에 있다"라고 말한 예수는 이것을 원했다: 골고다 너머, 십자가 너머, 죽음 너머에 있는 우리의 삶과 행복……

우리는 '예수 행복'을 발견했다. 이제 우리는 그 길을 알고 있다. 우리는 실로 선악과 사건 이후 빠져 있던 미로迷路에서 벗어날 출구를 발견한 것이다.

그러나 '우리가 아니면 누가 그 길을 발견할 수 있겠는가? 소위 현대인이?'라며 우쭐했다. 그리고 "나는 출구도 입구도 모른다. 나는 출구도 모르고, 입구도 모르는 모든 것Alles이다." 라고 탄식하는 현대인을 무시했다. 그러나 정작 우리 또한 이런 현대성에 병들어 있었다.

이름뿐인 평화, 비굴한 타협, 현대가 인정하거나 부정하는 온갖 세속적인 불결함 때문에 우리는 병들어 있었다. 모든 것을 '소유'해야 하기에 모든 것을 싸워 이겨야 한다는 배타와 적대는 우리를 죽이는 독약이다. 그따위 세상의 가치와 기준 아래 살기보다는 차라리 없는 듯 사는 것이 낫다!

우리가 예수를 부인했을 때 우리는 절망했고, 또 어디로 걸어가야 할지 알지 못했다. 우리는 가식적이었고, 정의 앞에서 비굴했다. 우리는 예수의 지향을 더욱 용기 있게 따라야 했고, 이것을 위해 자신에게나 타인에게 투철했어야 했다. 우리는 가식적이었고, 정의 앞에서 비굴했다. 그런 우리를 사람들은 '기독교인'이라고 불렀다.

그러나 우리에게 주어진 은총, 그것은 죽음을 이기는 힘,

부활의 능력, 이로 말미암는 생명의 축적이었다. 우리는 하늘 영의 빛과 역사를 갈망했다. 그것은 교만한 사람들의 영혼 없는 인정人情이나 알맹이 없는 행복과는 거리가 멀었다. 마침내 우리가 숨 쉬는 이 세상에서 "하나님 계심"現存과, 예수가 말한 대로 하나님 나라가 우리 안에 있음을 체험했다. 그러자 점점 영혼 속 안개는 사라지고, 마음 눈은 밝아져 우리가 나가야 할 갈 길이 뚜렷하게 보였다.

이제 우리의 하나님 나라 행복 공식은 이것: '예' 할 것은 '예!'하고, '아니요' 할 것은 '아니오!' 하는 삶, 하나의 목표, 곧 세상의 굴레를 돌파하고, 하나님의 나라로 돌진하는 그 한 가지 목표에 우리 모든 힘을 쏟는 것이다.

2
사랑의 의지
vs. 동정의 위선

선善이란 무엇인가?—그것은 인간의 영혼 속에서 불타오르는, 한계를 넘어선 인간을 향한 사랑의 감정, 사랑의 의지. 사랑 자체를 증대시키는 숭고한 모든 것이다.

반대로 악惡이란 무엇인가?—그것은 증오라는 어둠의 뿌리에서 솟아나는 모든 타락과 부패의 근원이다.

행복이란 무엇인가?—그것은 사랑이 증가한다는 감정, 증오가 서서히 소멸하며, 근심의 족쇄에서 해방된 자유로운 영혼의 감정이다. 행복은 단순한 욕망의 충족이 아니라 만족을, 전쟁이 아니라 평화를, 기계적 유능함을 넘어선 오히려 덕德

의 구현으로 드러난다.

연약한 자들과 잘못 행동한 사람들에게도 기회를 주어야 한다. 이것이 바로 우리의 인간 사랑의 제1 원리이다. 그리고 우리 존재의 본질적인 사명이다.

그 어떤 악보다 더 해로운 것은 무엇인가? ― 그것은 모든 실패자와 약자들을 무자비하게 짓밟는 행위. 또한 동정이라는 위선적 장막 아래 예수의 사랑을 왜곡시키는, 기독교의 반反예수적인 모든 행동이다.

3
최고의 전형, 예수의 출현

내가 여기에서 제기하려는 문제는 '비非기독교인을 개종해야 하는가?'라는 피상적이고 소모적인 논쟁이 아니다. 종교는 하나의 선택이다. 대신 나의 관심은 더 고결한 삶을 지향하는 신앙에 있다. 매 순간을 하나님 나라의 도래를 준비하는 깊은 영성의 소유자, 세속적 타락을 초월하여 존재하는 새로운 기독교인의 전형, 그것이 가능한가?

역사 속에서 신앙의 최고 모습을 지닌 하나의 전형이 출현했다. 예수의 출현!! 그것은 하나님의 뜻이었고, 아주 특별한 계획이었다. 그리고 예수는 스스로 하나님께 순명함으로 말미암아 화육化育했다.

예수는 존경과 섬김의 대상 이전에 하나님 아들, 그분 자신이었다. 우리의 참 구원은 사랑함과 존경함 안에서 그의 뜻을 실천함으로 형성되고 완성되었다. 예수로 인해 우리는 더 높은 가치를 지닌, 구원이 보장된 건강한 인간, 공동체적 인간으로 변화되었다.

그러나 다른 한편 불행하게도 이 전형을 대상화하고, 각색하는 두려움으로 길들어진 인간, 군집 인간, 병든 인간으로서 돌연변이 기독교인이 출현했고, 이들이 다수를 이루게 되었다.

4

위버크리스트

우리가 알고 있듯이 종교가 항상 더 좋고, 성숙하고, 가치 있는 것으로 발전하는 것은 아니다. 종교의 성장에 대한 무조건적 신뢰는 하나의 잘못된 이념에 불과하다. 영적인 성숙 측면에서 볼 때 오늘날의 종교인들이 이전 시대의 종교인들보다 훨씬 부족하다. 그러므로 종교의 양적 성장이 결코 필연적으로 가치 고양이나 영적 성숙과 연결된 것은 아니다. 기독교도 예외는 아니다.

오늘날의 기독교인은 그 가치에 있어서 르네상스 시대의 기독교인보다도 훨씬 아래에 머물러 있다. 기독교의 발전은 결코 어떤 필연성 아래 고양, 상승, 강화와 동일하지 않다. 그러나 다른 의미에서는, 지구의 다양한 지점과 다양한 문화들로부터, 몇몇 개별적인 경우 발전하는 예들이 존재하며, 이러한 경우들은 분명 더 높은 유형의 기독교인을 보여준다:

이는 일반 기독교인이 아니라 그리스도를 닮은 초인으로서 "위버크리스트"Überchrist, 즉 초기독교인이라 불리는 "참 그리스도인"인 들이다. 이는 곧 "그리스도를 닮은 초인"Christusähnlicher Übermensch이며, 그리스도의 정신을 지닌 자유로운 영혼이다. 이는 십자가를 통과하여 그 너머를 살아가는 사람이다.Überlebender des Kreuzes

이러한 위대한 성취의 사례들은 항상 가능했으며, 어쩌면 앞으로도 항상 가능할 것이다. 그리고 실제로, 한 세대, 하나의 교파, 혹은 한 민족적 교회 공동체 전체가, 어떤 조건 속에서 그러한 놀라운 사례를 이룰 수도 있다.

5
초대교회의 영성

초대교회를 미화美化하거나 치장治粧해서도 안 되지만 그렇다고 사소한 것을 크게 부풀려 비난해서도 안 된다. 초대교회 교인들은 예수라는 '초인'을 따라 목숨 건 투쟁을 벌여왔고, 그 예수의 본성을 증가하려 애썼다. 그들은 예수의 본성을 체현體現하여 '죄와 죄인, 징벌' 개념을 무력화했다.

예수는 강한 자와 약한 자, 부자와 가난한 자, 여자와 남자, 어른과 어린아이 차별에 따라 '버림받은 인간'에게 차별 없는 구원의 새 희망을 주었다. 초대교회는 이 예수를 통해 나약하고 천박하고, 가난하고 실패한 사람들의 편을 들어왔으며, 영원한 생명의 강한 보존 본능을 심어 주고 그것을 이상과 소망으로 삼게 했다.

예수는 정신성 Geistigkeit보다 한 단계 더 높은 영성 Spritualtität을 최고의 가치로 여겼다. 인간을 온전하게 인도하는 영성의 매력을 체험하도록 가르쳤다. 나아가 초대교회는 영성을 통해 인간들이 지닌 지성의 한계를 보완하려고 했다. 그에 대한 가장 고귀한 예가 바로 초대 교부들이다. 그들은 자신의 이성이 원죄로 인해 타락했다고 믿는 데 그치지 않고 영성을 통해 더욱 자신의 종교적 이성을 고양하려 노력했다.

6

거룩함의 탈진인가, 환희의 복권인가?

예수가 죽음으로 하나님과 세상을 갈라놓았던 검은 휘장을 찢은 이후, 그리스도인인 우리 눈앞에서 즐겁고 전율하는 감동의 연극 같은 광경이 펼쳐졌다. 우리는 인간의 환희를 덮고 있던 어두운 장막을 걷어냈다. 우리 입에서 나오는 이 '환희'라는 말에 대해서 한 치 의혹도 가져서는 안 된다. 그 말에 '인간 욕망의 충족을 담고 있지 않은가?' 하는 의혹 말이다. 강조하건대 그것은 도덕의 문제가 아니다.

우리는 지금껏 사람들이 행복을 성취하고, 신성神性을 얻기 위해서 협력하고 노력했던 바로 그곳에서 가장 최고의 환희를 본다. 이미 예상하고 있겠지만 우리는 환희를 거룩함의 표출로 이해하고 있다. 우리의 주장은 다음과 같다: 오늘날 그리스도인이 가장 소망해야 할 가치는 바로 "환희 넘치는 거룩함", "거룩한 환희"라고.

삶의 환희는 자신의 본성과 자존을 지키면서도, 남을 섬기는 것을 선택하고, 그것을 선호할 때 솟구친다. 이를 보여주는 "높은 영성의 역사", "인간 이상理想의 역사"―우리가 그 역사를 설명할 수도 있다―는 그리스도인들이 죽음의 콜로세움에서조차 어떻게 그처럼 기뻐할 수 있는지를 밝히 설명할 수 있을 것이다.

삶은 생명을 향한 본능, 협력을 위한 본능, 섬김을 위한 본능, 힘의 나눔을 위한 본능, 사랑을 위한 본능의 실현이다. 사랑에의 의지가 결핍된 곳에는 몰락이 있다. 그런데 우리가 주장하는 것은 이러한 의지가 지금 기독교인들이 지향하는 가치들 속에 결핍되어 있다는 것이다. 심지어 지금 기독교 안에 몰락의 가치들이, 데카당스decadence의 가치들이 가장 신성한 이름으로 주도하고 있다는 것이다.

7
섬김, 병든 연민을 넘어서는 생명의 실천

 본래 기독교는 섬김의 종교다. 섬김은 생명의 기운을 북돋는 긴장된 정서를 끌어낸다. 그것은 생생하게 작용하고 작동한다. 사람은 섬김을 행할 때 힘을 얻는다. 삶의 고통을 느낄 때 겪게 되는 힘의 고갈은 이웃 섬김을 통해 다시 몇 배로 채워진다.

 섬김을 통해 행복 자체가 전염되고, 때에 따라서는 섬김은 삶의 활력 에너지의 총체적 회복을 가져올 수 있다.

 이것은 일종의 삶의 전복顚覆이다. '나사렛 사람'의 죽음과 부활이 그런 경우다. 이것이 기독교인이 다시 숙고해야 할 첫 번째 관점이다. 그러나 더 중요한 관점이 있다. 그것은 "섬김의 가치"를 이 세상에서 작동하는 일반적인 사회법칙 속에서 평가할 때 그 강력한 가치가 훨씬 더 분명하게 드러난다는 것이다. 예를 들어 섬김은 약육강식弱肉強食의 법인 '지배의 법칙'을 거부하고, 존재를 살리는 '사랑의 법칙' 속에서 운행된다.

섬김은 추락하는 약한 존재를 돌보며, 생명 상속권을 박탈당한 사람, 죄인으로 판결 내려진 사람들을 돕기 위해 저항한다. 또한 다양한 실패자들을 섬김으로써 생명 자체에 생동감을 불어 넣는다. 예수는 섬김을 최고의 실천 덕목으로 강조했고, 초기 그리스도인들은 이를 기꺼이 수용했다. 그러나 그때나 지금이나 세상 가치관에서 섬김은 낯설고 심지어 불합리한 것으로 간주 된다.

더 나아가 초기 기독교인들은 섬김을 덕 자체로 여길 뿐만 아니라 모든 신앙 실천의 토대와 근원으로 삼았다. 물론 이것은 진리의 방패에 '삶의 긍정'이라고 새긴 생명신학의 관점이라는 것을 항상 잊어서는 안 된다.

섬김은 '삶을 긍정하고 인간을 위대한 존재로 만든다'라고 말한 예수는 옳았다. 섬김은 생명주의 실천이다. 다시 한번 말하거니와, 섬김과 같이 생명력 넘치고 전염성이 강한 본능이 삶을 보전하고, 성숙하게 한다. 그리고 삶의 가치를 고양하려고 힘쓰는 모든 다른 본능들을 조화롭게 추동한다.

섬김은 비참한 모든 것을 반전시켜 존귀함으로 증대시킴으로써 환희를 심화시키는 하나의 핵심 도구이다. 섬기는 삶의 표본이 된 예수의 말씀대로 섬김이야말로 사람이 '위대한 존재' 存在, Exisdenz가 되도록 천지를 감동시킨다!

종교가 말하는 '내세' 혹은 '하나님' 아니면 '진실한 삶' 또는 니르바나(열반), 구원, 지복 至福 등등의 이 순수한 표현들은 지상의 삶을 충실하게 살게 하는 하나의 자극이다. 이 개념들 또한 이 숭고한 '섬김의 바구니' 안에 담긴 참뜻을 인식하는 순간 훨씬 더 그 순수함이 드러나게 된다. 그것은 바로 삶에 대한 우호적이고 진취적인 경향이다. 예수는 이 삶에 참뜻 眞意을 품고 있었다.

그러나 여기서 연민 憐憫, 혹은 동정 同情을 조심해야 한다. 진정한 섬김은 연민과 시혜施惠를 넘어선다. 이미 알다시피, 아리스토텔레스는 연민이란 병적이고 위험한 상태이므로 정화淨化, purgativ를 통해서 그것을 극복하는 것이 좋다고 보았다. 그는 비극을 하나의 정화로 이해했다.

실제로 삶에 대한 본능에서 사람들은 쇼펜하우어의 경우에 보이는 것 같은 연민의 병적인 퇴적에 일격을 가할 적합한 치료제를 발견해야 할 것이다. 퇴적된 연민을 터뜨려 버리기 위해서 말이다. 그것이 바로 예수가 말한 '디아코니아'로서 '섬김'이다.

예수가 섬김이란 영적이고 건강한 행위이므로 언제나 실천을 통해서 실현해야 한다고 말했을 때, 그는 실천을 하나의 믿음으로 이해했다. 실제로 삶에 대한 본능에서 현대 기독교인들은 예수가 직접 몸으로 보여준 섬김의 고귀한 가르침을 전격적으로 따를 수 있는 적합한 실천 방안을 발견해야 한다. 불건전한 현대성 한가운데서 기독교의 섬김보다 더 건강한 것은 없기 때문이다. 이를 위해 '디아코노스'(섬기는 자)가 되고, 사랑이 되어 남의 발을 씻기는 것, 이것이 우리가 할 일이며, 이것이 그리스도인의 인간사랑 방식이다. 다시 말하건대 기독교는 지금처럼 우월감과 가식으로 가득한 연민의 종교가 아니라, 참 섬김의 종교가 되어야 한다. 이렇게 함으로써 우리는 비로소 소수의 참 그리스도인이 되는 것이다.

8
삯꾼 목자의 피

이제 우리가 누구를 우리의 적(敵)으로 느끼고 있는지를 말할 필요가 있다.—거짓 목자와 그 삯꾼 목자의 피를 자신 안에 가지고 있는 현실교회 문화 전체다. (여기서 목자란 단지 목사만을 뜻하는 것이 아니라 장로를 포함에 소위 교회 지도자들 전반을 뜻한다.)

이 재앙을 가까이서 볼 필요가 있고, 그보다 더 좋은 것은 탐탁지 않아도 그것을 한 번 직접 경험하는 것이다. 그것 때문에 거의 순교할 지경에 이를 정도가 되어야 한다. 이것은 농담이 아니다.

진짜 웃긴 농담은 신학자나 목회자가 독자적이고 자유로운 사상을 갖고 있다고 주장할 때이다. 그들에게는 철저한 신학적 고민이나 목회에 대한 열정도 없으며, 따라서 하나님을 위해 고생도 하지 않는다. 이런 목사들의 오염은 생각보다 훨씬 더 깊고 멀리까지 미치고 있다.

오늘날 기독교인들이 스스로 '내세주의'來世主義라 느끼는 곳이면 어디서든, 자신이 장로다, 권사다. 직분자라고 하면서 교회를 좌지우지하려는 사람들 속에서 우리는 '교만'이라는 목사들의 본능이 불쑥 튀어나오는 것을 발견하곤 했다……

내세주의자들은 목사들과 똑같이 모든 거창한 개념들을 손아귀에 쥐고 있다. (단지 손아귀에 쥐고 있는 것만으로 그치지 않는다!) 그는 '오성'이나 '감각', '희생', '현재의 삶', '과학'을 기꺼이 경멸하고 그 개념들을 희롱하고 있다. 그들은 이러한 것들이 마치 유해하고 유혹적인 것처럼 경시輕視하고 '신앙'이 순수한 절대성의 상태에서 그 위에 있다고 믿는다. 영적 체험, 순결, 무소유, 경건, 하나됨 등, 한마디로 말해 신성한 것이 지금까지 그 어떤 공포나 악덕보다도 삶에 이루 말할 수 없이 많은 유익을 끼쳐온 것이 사실이 아니라는 듯이 말이다……

그들이 말하는 소위 '순수 신앙'이야말로 사실은 '순수 기만'이다. 세상을 부정하고 비방하며 삶에 해독을 끼치는 것을 직업으로 삼고 있는 가짜 목사를 고급 인간형으로 간주하고 있는 한, '진리란 무엇인가?'라는 물음에 대한 참 대답은 나올 수 없다. 악惡과 불의不義를 의식적으로 변호하는 자가 '진리'의 대변자로 통한다면, 이미 진리는 전도轉倒된 것이다. 예수는 자기 자신을 부인하라고 했지, 세상을 부정하라고 가르치지 않았다.

9

뒤바뀐 진리

이러한 삯꾼 신학자神虛者와 목사의 본능에 맞서서 나는 투쟁하고자 한다. 우리는 그 흔적을 어디에서든 발견하였다. 그들의 피가 몸 안에 있는 자는 처음부터 모든 일을 왜곡하고, 정직하지 못한 태도를 보인다. 그리고 그렇게 잘못된 태도에서 전개되는 파토스Pathos(열정)를 신앙이라고 부른다: 치유 불가능한 기만의 모습에 고통받지 않으려고 자기 잘못에 대해 맹목적으로 눈을 영원히 감아 버리는 것이다.

매사에 이런 잘못된 시각에서 도덕과 미덕, 신성함을 만들어 내고, 잘못 보는 것을 양심적인 것과 결부시킨다. 그러고는 자기의 시각을 '하나님'이라든가 '구원', '영원' 같은 이름을 들어 신성불가침한 것으로 만들어 버린 후에, 그 외의 다른 시각은 이제는 아무런 가치도 지니지 못하도록 요구하는 것이다.

그런 목사의 본능을 우리는 곳곳에서 파헤쳐 내야 한다. 그것은 지상에 존재하는 것 중에서 가장 광범하게 퍼져 있는 본래의 음울한 형태의 기만이다. 그런 신학자가 진실하다고 생각하는 것은 반드시 허위임이 틀림없다. 그거야말로 실질적으로 진리를 판정하는 하나의 기준이 될 정도다. 현실을 존중하거나 그것을 입에 담는 것조차 금지하는 것이야말로 신학자의 가장 깊은 자기 보전 본능이다.

그런 목사가 영향을 미치는 것에는 필시 가치판단Wert-Urteil은 뒤집히고, '진실'과 '허위'의 개념도 필연적으로 뒤바뀌게 된다. 신앙에 가장 해로운 것이 여기서는 '진실'이라고 불리고, 신앙을 고양하고, 강화하고, 긍정하고, 정당화하며 승리하게 만드는 것이 여기서는 '허위'라고 불린다……

목사들이 '양심'을 빌어 권력을 장악하려고 손을 뻗치는 일이 벌어지면, 그때마다 근본적으로 무슨 일이 일어날지는 명백하다. 지금 21세기, 광화문에서 외치는 그 삯꾼 목사와 사악한 권력 위에 안수하는 목사들을 우리 두 눈으로 똑바로 보고 있지 않는가! 피안적 종말을 향한 의지, 내세주의적 의지가 현실 권력과 맘몬을 원하고 있다.

10
반신불수의 이성

내가 신학자와 목사들의 피에 의해서 신학이 부패했다고 말하면 소수 기독교인은 곧 이해할 것이다. 프로테스탄트주의는 개신교 목사의 조상이고 그것은 개신교 교회의 토대다. 우리는 프로테스탄주의를 저항과 개혁의 정신으로 파악한다. 그것이 본래 기독교다. 그럼에도 프로테스탄주의 자체가 '독일 철학의 원죄原罪요, 그것으로 인해 이성의 반신불수半身不遂로서 기독교'가 탄생했는가?

현실교회의 근본적인 문제가 무엇인지 파악하려면 '경직된 교리주의'라는 말을 언급하는 것만으로도 충분하다. 그것은 교활한 신학에 불과하다. 그 신학에 세뇌당한 목사들은 가장 심한 거짓말쟁이들로서 천진하게 거짓말을 한다……

세계 몇째 가는 대형교회의 출현에 왜 목사들과 기독교인들은 그토록 열광적인 환호성을 질렀는가? 기독교 교인들은 왜 그렇게 대형교회가 한국 교회뿐 아니라 교회 자체를 망치고 있다고 확신하지 못하는가? 오늘날까지도 이 광적인 메아리는 여전히 남아 있다. 이에 따라 다시 삯꾼 목사 본능이 다시 일어나는 것이 가능해졌다. 즉 옛 왜곡된 이상理想으로 나아갈 길이 열렸다.

'예수천당! 불신지옥!' '구원의 본질로서 기복祈福'(기독교의 잘못들 가운데에서도 가장 사악한 이 두 가지 잘못!) 개념이 오염된 이성 덕분에 증명하려 하지도 않고, 더는 논박할 수 없는 진리가 되어버렸다. 이성의 판단과 이성의 권리는 그렇게 멀리 떨어져 있었다. 또다시 솟아나는 반신불수의 이성!

이런 기독교인들은 하나님 나라 현실을 하나의 가상적인 것Scheinbarkeit으로 만들어 버렸고, 대신 완전히 날조된 기독교의 세계가 진실이 되어버렸다. 대형교회의 성공은 그저 목사의 세속적 성공에 불과한 것이다. 대형교회는 아직 자리를 잡지 못한 교회의 성숙에 제동을 건 또 하나의 방해물이 되었다.

11
사랑의 혁명은
교리로 죽었다

폐쇄적인 보수 기독교인에 대하여 항의할 말이 한마디 더 있다. 그들이 강조하는 교리란 본래 필요 때문에, 우리 자신 신앙의 보호를 위해 고안한 것이다. 그러나 교리를 자기 개인의 잘못된 신앙을 방어하기 위해 사용한다면 그것은 매우 위험한 것이다.

우리 삶에 실제 필요한 것이 아니라면 그것은 삶에 해가 되는 것이다. '교리'는 존중하지만 남을 배타하기 위한 무기로 사용하는 교리는 오히려 위협이 될 뿐이다. "교리"라는 개념에 대한 존중에서 비롯된 교리, '교리를 위한 교리'는 해로운 것이다. "교리", "의무", "선 그 자체", "비 인격성과 보편 타당성의 특징을 지닌 선" 등의 환영幻影 속에서 삶은 소진되고 쇠퇴한다.

깊은 보존과 성장 법칙으로 말미암아 그 반대되는 것이 형성된다. 즉 자기 자신만의 덕목, 자기 나름의 정언적 명령이 그것이다. 신앙의 세계에서도 신앙 유지와 성장을 위해 '신앙'이라는 이름으로 얼마나 폐쇄적이고 배타적인 덕과 정언적 교리가 판을 치고 있는가!

어떤 신앙인이든 자신의 고유한 십자가를 일반적인 십자가 개념과 혼동할 때 그 기독교는 망하고 만다. '비실천적인' 십자가, 허상虛像의 몰로흐 앞에 바치는 헌신보다 더 철저하고 내면적으로 사람을 파괴하는 것은 없다. 그런데도 기독교인들은 자신의 '교리적 믿음'을 치명적인 위험으로 느끼지 않는다니!…… 그를 감싸고 있는 것은 오직 삯꾼 목사의 본능인데도 말이다.

사랑의 본능이 자극하는 행동이야말로 올바른 행동이며, 그것은 바로 환희가 증명한다. 그러나 기독교적 교리의 썩은 내장을 지닌 저 교리주의자는 환희를 오히려 죄로 이해했다…… 내적인 신앙의 필연성도 없고, 개인적 결단도 없이 일상의 삶 속에서도 아무런 즐거움도 없이 일하고 생각하고, 기쁨 없이 느끼는 것보다 더 빨리 인간을 파괴하는 것이 있을까? '관성'의 자동기계보다? 그것이야말로 데카당스에, 심지어 무지에 이르게는 원인이다.

기독교인은 백치가 되고 말았다. 우리가 그런 이들과 동시대 사람들이라니! 이 거미의 재앙이 신학으로 포장되었고, 지금도 그렇다! 내가 그런 기독교인들에 대해 어떻게 생각하는지 굳이 말하지 않겠다.

초기 기독교인들은 예수 혁명을 통해 하나님 나라가 문자라는 비유기적 형태에서 살아있는 유기적인 형태로 전환되는 것을 보지 않았던가. 그들은 인간의 도덕적 성향이라고 말하지 않고는 도저히 설명될 수 없는 주어진 것이 있지 않은가를 묻지 않았던가. 그래서 "진리를 추구하는 인간의 성향"이 최종 증명되는 것이 아니냐고 스스로 묻지 않았던가.

이에 대한 예수의 대답은 이렇다: "그것이 바로 사랑의 혁명이다!" 모든 것 안에 있는 사랑의 본능, 본능으로서 친親 하나님 나라, 영성으로서 구원—그것이 바로 예수의 지향이다!

12

"사명"이라는 이름의 망령

나는 기독교 역사에서 볼 수 있는 좋은 모델의 전형으로서 몇몇 신학자나 목사들을 알고 있다. 그러나 나머지들은 지적 성실성의 기본적인 요구들조차도 인지하지 못하는 자들이다. 그들은 유치하고, 몽상가나 제정신이 아닌 사람들처럼 행동한다.

그들은 "아름다운 감정"을 논쟁 삼거나, "흥분된 마음"을 하나의 신성神性 풀무로 여기거나, "개인의 신념"을 진리의 표준으로 삼는다. 마침내 신학자조차도 무지함으로, 이 썩은 형태, 지적 양심의 결핍을 취해서 그것을 '실천신앙'이라는 개념 아래 학문화하려고 시도했다. 숭고한 명령, "너는 마땅히 해야 한다"라는 설교가 들릴 때, 신학자는 기독교인들이 그것을 염려하지 않도록 특별한 형태의 논리를 고안해 낸 것이다.

거의 모든 기독교인에게 있어 신학자라고 불리는 사람은 목사의 유형이 더 발전해 나간 것에 지나지 않는다는 것을 생각하면, 이런 신학자나 목사의 유산遺産, 자기 자신을 기만하는 짓거리들은 더는 놀랍지도 않다. 예를 들어 하나님과 상관없이 스스로 인류를 더 좋게 만들고, 구제하고, 구원한다는 신성한 과제를 지닌 듯, 혹은 신성神性을 가슴에 지니고 저 하늘에서 오는 명령을 전하는 대변자로 착각하게 되면 소위 '사명使命'으로 빌미로 그들은 모든 합리적인 가치평가를 포기한다.

이 사명 때문에 이미 그들은 스스로 이미 성스러워졌고, 이미 더 높은 질서의 전형이 되어버렸으니 말이다! 그런 목사들에게 학문 따위가 무슨 소용이 있겠는가! 그들은 그 모든 것 위에 있다! ─더구나 지금까지 목사들이 지배해 왔으니 말이다! 그들이 "참되고", "거짓되다"라는 개념을 규정해 왔으니 무슨 말이 더 필요하겠는가!

13
한 오해된 배교자의
자기 해명

 이 점을 과소평가하지 말아야 한다. 진리를 따르는 기독교인은 이미 '모든 가치의 전환'을 몸소 살아가는 존재이며, '진리'와 '거짓'에 대한 옛 개념 전체에 대한 살아 있는 도전이며, 승리의 선언이기도 하다.

 가장 가치 있는 통찰은 언제나 가장 늦게 발견되었으며, 실로 가장 가치 있는 통찰이란 바로 방법 그 자체이다. 오늘날 내가 사용하는 모든 방법, 내가 전제하는 모든 과학적 정신, 곧 신앙에 기초한 탐구의 방식은 수천 년 동안 깊은 경멸을 받아왔다. 그 방식들 때문에 나는 언제나 '보수적인 신앙인들'

의 모임에서 제외됐다. 나는 '하나님의 적'이라 불리며, 진리를 멸시하는 자, '이단'으로 간주되었다.

나는 기독교인으로서 학문적인 성품을 지닌 자였으나, 극우 기독교인은 나를 '배교자'라 불렀다. 사실 나는 기독교의 이기적인 열정과 기만적인 감정을 거슬러 왔다. 그들이 진리라 여긴 것, 그 진리를 섬기는 방식에 대하여, 나는 언제나 다른 길을 택해 왔다. 모든 '당위'는 나를 반대하기 위해 존재하는 듯 보였다.

내가 연구한 대상들, 내가 살아온 실천들, 이웃 종교인들과 만남, 내가 견지해 온 조용하고 조심스러우며 불신을 잊지 않는 방식—이것들 모두는 그들에게 전혀 가치 없고, 경멸받을 만한 것으로 여겨졌다.

마침내, 어느 정도의 공정함이 허락된다면, 나는 다음과 같은 질문을 제기할 수 있다. 오랜 시간 인류를 눈멀게 했던 그 원인이 다름 아닌 미적 취향, 곧 진리를 '그럴듯한 인상'으로 보이게 하려는 욕망 때문이 아니었는가?

그들은 진리에게 회화적 繪畵的 효과를 원했고, 탐구하는 자에게도 감각에 큰 자극을 주기를 바랐다. 나의 기독교적 겸손은 끝까지 그들의 취향에 반하는 것이었다…. 아, 그들이 얼마나 더 나의 참뜻을 몰라주는가!

14
창조 질서 안의 인간과
기독교적 자각

인간은 "영성"이나 "신성"을 지닌 존재다. 인간은 창조물의 일부로, 다른 모든 피조물과 함께 하나님의 생명 질서 안에 있는 존재다. 인간은 가장 강한 피조물이다. 왜냐하면 인간은 지혜롭고, 하나님께 받은 지성과 본능으로 살아가는 존재이기 때문이다. 그의 영성은 하나님의 형상대로 지어진 인간 존재의 필연적인 결과이다.

나는 계속 진리를 탐구한다. 나는 모든 면에서 더욱 겸손해지려고 노력한다. 동시에 나는 또 다른 자만심, 곧 인간이 모든 창조의 최종 목적이라는 일방적 교만에 저항한다. 인간은 결코 창조의 정점으로서 자기 자신을 신격화해서는 안 되는 존재이다. 하나님 앞에서 모든 피조물은 각자의 완전성으로 존재하며, 인간 역시 그분의 계획 안에 있는 한 부분이다. 내가 이렇게 말하는 것은 오히려 겸손의 고백이다. 인간은 상대적으로 가장 연약하고 쉽게 타락할 수 있다. 본능에서 멀어지고, 자기 뜻대로 나아가며, 창조주로부터 멀어질 수 있는 가장 위험한 존재이다. 그러나 그런데도 그는 하나님께 가장 관심받는 존재다.

동물들에 관해서는, 데카르트가 동물을 단지 기계로 보았던 것은 놀라운 통찰처럼 보일 수 있으나, 나는 거기서 멈추지 않는다. 생리학은 나에게 피조물의 질서를 가르치는 학문이다. 하나님이 정하신 방식대로 피조물은 움직임을 드러낸다. 논리적으로 인간도 생물학적 조건 안에 있는 존재이다. 그러나 그 안에 하나님의 영이 거하기 때문에 인간은 단순한 기계가 아닌 존재다. 오히려 그는 성령에 의해 살아 움직이는 자다.

예전에는 인간이 높은 질서로부터 받은 "자유의지"를 지녔다고 말해 왔다. 오늘날에도 나는 그것을 인정한다. 그러나 그것은 단순한 능력이 아니라, 하나님과의 관계 안에서 비로소 참된 자유로 드러난다. 인간의 의지는 수많은 자극과 상황 속에서 반응한다. 그러나 그 모든 것 위에 하나님의 은혜가 작용하며, 그분이 뜻하신 방향으로 인간을 이끄신다. 의지는 단지 반응이 아니라, 하나님의 형상을 따라 창조된 존재의 창조적 응답이다.

한때 사람들은 인간의 의식을 그가 신적인 존재라는 증거로 삼았고, 땅과의 교류를 끊으며 인간의 육체를 부정하려 하였다. 그러나 그것은 얼마나 왜곡된 생각인가! 오히려 감각과 육체를 포함한 전인적 인간이 하나님의 형상이요, 그의 육체 안에 영혼이 거하는 바로 그 통합이 하나님의 창조 질서 안에서 의도된 본래 형태이다.

의식은 하나님의 창조가 아직 진행 중임을 보여주는 표지이다. 그것은 탐색이며, 깨어 있음이며, 진리를 향한 하나님의 불완전한 피조물이 걷는 여정이다. 의식 속에 머물러 있을 때 신경의 에너지가 낭비되는 것이 아니다. 그 에너지는 사랑을 배우는 과정이며, 회복을 위한 길이며, 성화의 긴 훈련이다.

"순수한 정신"은 인간이 만든 환상에 불과한 말이다. 나는 인간의 몸과 마음, 영혼과 감각을 하나의 거룩한 통합으로 받아들인다. 그것은 하나님께서 지으신 선한 것임을 믿기 때문이다.

15

기독교, 상상의 종교인가?

기독교는 도덕과 종교를 통해 가장 현실적인 진리를 증거해야 한다. '하나님', '영혼', '자아', '영', '자유의지' 혹은 '자유의지의 부재'조차도 모두 실재의 일부로 이해해야 한다. 그 결과 역시 현실에 기반하며, 죄, 구원, 은혜, 형벌, 죄 사함은 인간 존재와 세계 안에서 실제로 작용하는 인과의 형태다.

하나님과 영들과 영혼들 사이의 교통은 상상된 관계가 아니라 인격적이고 실제적인 교류다. 본래 기독교는 인간 중심의 세계 이해를 넘어서 거룩한 인과를 설명하고 해석하는 깊은 과학이자 지혜로 작용해 왔다. 기독교의 심리학은 단순한 자기 오해나 신체의 감각적 현상에 대한 종교적 오독(誤讀)이 아니라, 회개와 양심의 가책, 유혹과 은혜, 하나님의 임재라는 언어로 신경학적 삶의 상태를 영적으로 통합하고 해석하려는 인식의 체계다.

참 기독교의 목적론은 상상이 아니라, 하나님의 나라, 최후의 심판, 영원한 생명과 같은 약속들이 인간 역사와 영혼의 방향성을 형성하는 본질적인 근거로 작용한다. 이 믿음의 세계는 꿈보다 더 깊고, 현실을 왜곡하거나 탈색하지 않으며 오히려 그 본질을 꿰뚫는다. '진품 기독교'는 현실을 부정하거나 외면하지 않으며, 오히려 그 안에 감추어진 더 깊은 구속과 회복의 가능성을 드러내는 신비로서 현실을 새롭게 해석한다.

본래 기독교는 자연을 거부하는 종교가 아니다. 하나님이라는 개념이 생긴 이후 자연이 대립적 개념으로 설정되었을지라도, 기독교는 자연을 정죄하려는 것이 아니라 그것을 넘어서는 길을 제시하고자 하며, 자연을 미워하거나 파괴하려는 것이 아니라 오히려 새롭게 창조하려는 영적 욕망을 품는다.

이 종교는 현실의 고통에서 도피하는 환상이 아니라, 고통을 통과하여 의미를 부여하고, 그 속에서 은총을 발견하려는 응답의 체계다. 고통에서 도망치는 것이 아니라, 고통을 정면으로 맞이하고 그 안에서 구원을 발견하는 것이다. 현실에서 도망치려는 이는 오직 고통받는 자이나 그 역시 버림 받은 존재가 아니라 변화할 수 있고 구원될 수 있는 존재이다.

불쾌감이 쾌감을 압도해서 종교가 생긴 것이 아니다. 참 기독교는 고통 속에서도 기쁨을 발견하고, 실패한 인생 속에서도 은총을 선포한다. 이러한 신앙이 허구의 도덕처럼 보인다면, 그것은 단지 보는 이의 시야가 협소한 것이다. 신앙은 쇠퇴의 징표가 아니라 수천 년을 견뎌온 인간 회복의 언어다.

16
사랑에 의지로서의 하나님

　기독교의 하나님 개념에 대한 바른 이해는 결국 어떤 결론에 이르러야 하는가? 사실 많은 현실 기독교인들은 '스스로 존재하는 하나님'이 아니라 자신들의 다양한 욕망 투사로 인해 '만들어진 신'으로서 하나님을 믿고 있다. 그들은 그렇게 '조작된 신' 안에서 자신들을 번영시켜 온 조건들, 즉 자신들의 능력을 찬양한다.

　그런 기독교인들은 스스로 자신들이 지닌 힘과 부의 느낌을 취하는 기쁨을, 다시 한번 그 '하나님'에게 이 모든 것에 대해 감사로 투사한다. 간혹 부유한 자는 베풀고 싶어 한다.

자신감이 있는 사람은 예배를 드리기 위한 신을 필요로 한다. 이 같은 전제로 인해 기독교는 겉으로는 감사의 종교 형태를 취한다. 그러나 실제로는 스스로에게 감사할 뿐이고, 단지 그것을 위해 하나님이 필요할 뿐이다.

일반 종교의 세계에서 볼 때 신神은 이로울 수도 있고, 해를 줄 수 있어야 하며, 친구도 될 수 있고 적도 될 수 있어야 한다. 사람들은 그의 나쁨과 선함으로 인해 경이로워한다. 반反세상의 신으로 거세된 채 선한 하나님으로만 있는 것을 절대로 바라지 않는다. 선한 신만큼 악한 신도 필요로 한다. 하나님이 아직 악한 영을 세상에 남겨 둔 이유이기도 하다.

우리의 하나님은 정의롭고 의로워지도록 열정을 가지시며, 그 열정은 때로 심판의 형태로, 때로 고난을 통한 교훈으로 나타난다. 우리는 우리 존재가 하나님의 무조건적 관용이나 박애 때문만이 아니라, 그분의 의로운 다스림과 사랑의 훈련을 통해 유지된다는 것을 알고 있다. 분노, 복수, 질투, 조롱, 계략, 폭력 등은 인간적 왜곡이지만, 하나님의 진노, 질투, 경고, 승리의 환희는 모두 거룩하고 정당한 의지의 표현이다.

이 모든 것을 모르는 신, 심지어 승리와 악의 멸절 속에서 오는 거룩한 황홀도 알지 못하는 신이 있다면, 그런 신은 우리가 아는 하나님이 아니다. 우리는 그런 신을 필요로 하지 않는다. 우리는 인격적이고 거룩하신 하나님을 필요로 한다.

물론, 하나의 민족이 멸망할 때, 그들이 미래에 대한 믿음을 잃고, 자유에 대한 소망을 완전히 포기할 때, 복종이 현실 도피적 유익으로 인식되고, 피지배자의 왜곡된 덕목들이 생존 조건으로 오해되기 시작할 때, 그 민족의 하나님 이해도 비틀어진다. 이제 그 '신'은 인간의 두려움 속에서 작아지고, 소심하게 말하며, 겸손이라는 이름으로 침묵하고, 마음의 평화를 권한다는 명목 아래 거짓된 평온을 설파하며, 악에 대한 분노 없이 무분별한 관용과 사랑만을 이야기한다. 친구든 적이든 구별 없이 말이다.

그 '신'은 계속해서 윤리를 설교하고, 모든 사적 감정과 내면화된 신념 속으로 축소되어 들어가며, 모든 사람의 신이 되지만 아무 책임도 요구하지 않고, 사적인 위안만 주는 존재가 되고, 아무 도전도 주지 않는 안전한 세계시민이 되어 버린다. 예전에는 그 하나님이 민족의 정의와 자비, 억압에 맞서는 의지를 대표하셨고, 하나님의 공의와 긍휼이 백성들의 영혼 안에 살아 역사하였다.

하지만 이제 그는 무조건적인 '착한 신'으로만 남아, 세상의 죄악과 불의를 더는 꾸짖지 않는다. 실제로, 하나님께도 인간이 부여하는 왜곡된 선택지가 있다. 그는 인간의 바람처럼 '권력의지'로 상징되거나, 그리하여 민족주의적 야망의 신으로 오용되거나, 혹은 인간이 원하는 '무능한 선함'으로 축소되어, 권력 없는 선인으로 만족해야만 하는 신이 되기도 한다.

그러나 기독교의 진정한 하나님은 그 둘 모두가 아니며, 그렇게 믿어서도 안된다. 그는 능력을 가진 "사랑에 의지"Wille zur Liebe로서 하나님이시며, 연약한 자를 세우되, 악을 결코 동조하지 않는 분이다. 하나님은 능력이 없어서 선한 것이 아니라, 모든 것을 능히 하실 수 있음에도 끝내 선을 행하시기 때문에 참으로 선하신 분이다. 기독교는 그러한 하나님을 예배해야 한다.

17
신앙의 조작자들

    어떤 형태로든 '사랑에의 의지'가 쇠퇴할 때마다 언제나 신앙의 퇴화나 변질 또한 생기게 마련이다. 기독교가 로마 정복자들의 종교가 되고, 소위 가장 남성적인 기질과 충동이 신에게 투영되었을 때, 그 신은 필연적으로 생리적인 욕망 진화자들, 강자들의 신이 되고 말았다. 그들은 교묘하게도 스스로 강자라고 부르지 않고 '성공한' 자라고 부른다……

    우리는 더 이상한 어떤 암시를 받지 않아도 왜 역사적으로 선한 신과 악한 신이라는 이분법적 허구가 언제 가능해졌는지 이해할 수 있다. 또한 자신들도 그렇게 믿지 않으면서 신을 '선善 자체'로 끌어 올리려는 정복자들의 본능을 조심해야 한다. 바로 그 본능을 사용하여 자신의 피정복자들에 속한 선한 속성들을 제거해 버린다. 이들은 피지배자들의 신을 악마로 바꿔 놓음으로써 그들에게 복수하는 것이다. 그런 선한 신과 악마, 이 양쪽 모두 신앙 변질의 썩은 산물이다.

오늘날 기독교 신학자들은 민족의 신神인 '이스라엘의 신'으로부터 모든 선의 전형으로서 기독교의 신개념으로 옮겨간 것을 진보進步라고 공언하는데, 오늘 누가 이들의 주장과 함께 하며, 그들의 순진한 말을 따르겠는가? 그러나 르낭마저 그런 짓을 하고 있다. 마치 르낭 자신에게 순진함의 권리라도 있는 듯이 말이다! 명백한 것은 그와는 정반대되는 사실이다.

자신들의 권력과 지배를 합리화하기 위해 삶을 고양하는 전제조건들로서 강하고, 용감하고, 권세 있고, 긍지 있는 모든 것들을 신에 투영한다면 약하고, 가난하고, 지친 자들을 위한 지팡이, 물에 빠진 자를 위한 구원자의 상징으로서 하나님 개념은 한 걸음씩 침몰해 갈 수밖에 없다.

더할 나위 없이 par excellence 가난한 자들의 하나님, 죄인들의 하나님, 병자들의 하나님이 사라진다면, '구세주', '구원자'라는 술어가 하나님을 표시하는 표현에서 사라진다면, 그런 종류의 변화는 우리에게 무엇을 말해 주는가? 실제 신성은 그런 방식으로 확장되고 있는데도 말이다. 그것으로 인해 "하나님의 나라"가 커지는 것은 물론이다.

예전의 신神은 단지 그의 민족, 그의 '선택된' 민족 밖으로 나가지 못하는 듯 보였다. 그러나 이제 하나님은 온 세상에서 역사를 일으키는 분으로 확장되었다. 그때부터 하나님은 어느 한 곳에 머무는 신이 아니라 세상에 어디에든 자신의 자리를 만들고 위대한 열방의 하나님이 된 것이다. 그리하여 '대다수 사람'이 믿는 이방인들을 위한 하나님이 되었다.

그는 더는 유대인 만의 신이 아니었고, 구석진 곳이나, 온갖 어두운 곳의 신도, 전 세계 온갖 불건전한 지역의 신이 아니었다. 그의 나라는 예전과 달리 밝음의 나라, 세상 위의 나라, 열린 나라다. 그리고 그 하나님 자신도 너무도 당당하며, 너무도 강하고, 너무도 온전한 존재였다.

그들이 그 하나님의 주변을 오랫동안 그물로 휘감아 댔었지만, 하나님은 그들의 짓거리에 눈 하나 까딱하지 않았다. 하나님은 다시금 자기 자신으로부터 세계를 펼쳐나갔다. 그때부터 하나님은 더욱더 분명해지고, 명확한 모습으로 자신을 드러내어 '이상'理想이니, '순수정신'이니, '절대자'이니, '물 자체'이니 하는 멍청한 논리를 펼칠 수 없게 했다.

18

예수의 하나님 이해

예수의 하나님 이해, 즉 '사랑의 아버지로서의 하나님', '자유하시는 하나님', '이 세상을 다스리시는 하나님'은 이 땅에서 생겨난 신 이해 가운데서 가장 완벽하고 조화로운 이해다. 그는 강한 하나님이시며, 자비의 신이시며, 우리 가운데 거하시는 화육하는 신이다.

이것은 신의 유형의 가장 높은 수준의 고양을 드러낸다. 세상 속으로 화육과 영원한 긍정, 삶의 옹호자로 드러나신 하나님! '지금, 여기'에 대한 다양한 용납과 용서 공식으로서 하나님, '저세상'에 대한 온갖 희망의 공식! 뜻의 현실화로서의 하나님, 사랑에의 의지 Wille zur Liebe의 화신!

19
신을 새로 만들지 말고, 신 안에서 새로워져라

북유럽의 강인한 종족들이 기독교의 하나님을 결코 내 던지지 않았다는 사실은, 오히려 그들의 깊은 종교적 직관력과 영적 민감성을 증명하는 것인가? 아니다. 오히려 그 반대다. 사회, 문화, 정치, 경제적 동기 부여가 더욱 강하다. 하지만 그들은 인간 정신의 말년에 태어난 듯한 연약한 하나님 개념 속에서도 생명과 구속의 가능성을 발견했다. 그들은 그것을 무책임하게 거부하는 대신, 인내하고, 끌어안고, 재해석하고, 그 하나님을 통해 자기 민족의 영적 운명을 끌어 올릴 길을 찾으려 했다.

그들은 병듦과 쇠약함, 모순이라는 인간 조건 자체를 하나님의 은혜 아래 수용하였으며, 그 모든 현실적 결핍 속에서도 하나님께 새로운 신성함의 공간을 내어드렸다. 그래서 오히려 그들은 신을 새롭게 창조한 것이 아니라, 신 안에서 자기를 새롭게 한 것이다.

거의 2천 년 동안 단 하나의 신만을 붙잡고 있었던 것이 아니라, 그 유일한 하나님 안에서 무한한 변화를 살아낸 것이다. 하나님은 여전히 살아계시며, 오히려 그 유일신 개념이야말로 인간 정신 속 창조적 영 spiritus creator 의 가장 정제된 표현으로 남아 있다.

그 하나님은 무無나 공허한 개념이 아니라, 현존의 중심이며, 삶의 심연 속에서 말씀하시는 진리 그 자체이다. 인간의 모든 나약함과 피로, 모순과 어두움을 하나님은 정죄하지 않고, 정당화하지도 않고, 구속과 회복으로 감싸안으신다.

유일신 사상은 결코 "퇴폐의 교만한 산물"이 아니다. 이 사상을 배타와 억압의 무기로 사용하는 이들이 심각한 골칫덩어리다. 오히려 하나님은 모든 인간 조건 안에서 여전히 빛을 비추는 하나님이며, 신적 통일성과 자비, 진리의 무게를 지닌 최고의 영적 초월자이심을 드러내신다. 하나님은 인간의 영적 창조력의 "최종한계"이자 "최고치"이다.

20
고통을 넘어서는 은총:
불교와 기독교, 두 치유의 종교

나는 기독교를 비판하면서도, 동시에 이와 긴밀하게 닮아 있는 또 하나의 위대한 종교, 불교에 대해 부당한 판단을 내리지 않기를 바란다. 두 종교는 인간 내면의 고통을 다루는 방식에서 본질적으로 닮아 있으며, 한편으로는 서로 놀라우리만치 다른 길을 걷는다. 나는 기독교에 대한 진지한 비판을 가능하게 해준 인도 학자들에게 깊은 감사를 느낀다. 그들의 공로 덕분에 우리는 이제 이 두 종교를 나란히 놓고 이해할 수 있게 되었다.

니체의 말대로 불교는 기독교보다 백 배는 더 현실적인가?

사실 기독교가 '기독교' 되기 이전 신앙공동체의 모습을 보면, 그 어느 종교보다 현실적이었다. 예수가 말한 '하나님 나라가 네 안에 있다'는 말씀을 진리로 믿는 이들이 어떻게 비현실적인 신앙을 가질 수 있었겠는가! 이 때 현실적이라는 뜻은 '이 땅에서 구원의 삶'에 집중했다는 말이다. 그러나 현실 기독교를 보면 니체의 비판에 고개를 끄덕일 수밖에 없다.

불교는 차갑고 객관적인 질문들을 대면했던 철학적 전통의 유산을 이어받아 출현했다. '신'이라는 개념은 이미 불교의 시작 무렵에는 더 이상 유효하지 않은 것이었다. 불교는 우리가 알고 있는 역사상 유일한 진정한 실증주의 종교다. 그것은 심지어 인식론에서도 철저한 현상주의에 입각해 있다. 불교는 더 이상 '죄와의 싸움'을 말하지 않는다. 오히려, 실재에 대한 철저한 존중 위에서 '고통과의 싸움'을 말한다.

여기서 불교는 기독교와는 뚜렷이 구별된다. 도덕 개념의 자기기만에서 이미 벗어난 것이다. 니체의 언어로 표현하자면, 불교는 선과 악의 너머에 서 있다. 반면 기독교는 선과 악의 이분법적 기준에 갇혀 있다. 선과 악, 옳고 그름에 집중하다보니, 다름과 차이를 인정하는 관용과 배려 문화가 극히 약하다.

불교는 인간의 감각과 정신이 겪는 두 가지 중요한 생리적 조건에 주목한다. 하나는 지나치게 예민한 감수성, 이는 곧 정교한 고통 감수 능력으로 드러난다. 다른 하나는 지나치게 고도로 추상적 개념과 논리적 절차에 오래 머무른 삶, 그로 인해 '인격적 자아'의 본능이 손상되어 '비개인적인 것'에 몰입하게 된 상태다. 이는 불교에 대한 니체의 탁월한 통찰이다.

이러한 생리적 조건들 위에, 불교는 이를 회복하려는 건강한 삶의 양식을 제안한다. 고타마 붓다는 자칫 무기력과 우울증에 빠질 수 있는 인간의 생리적 조건들을 불성佛性적으로 다루었다. 그는 자연 속에서 걷는 삶, 유랑의 삶, 절제되고 선택적인 식사, 정신을 자극하는 술에 대한 경계, 분노와 혈기를 일으키는 감정에 대한 주의, 자기 자신이나 타인에 대한 불필요한 걱정을 피할 것을 권유했다. 그는 고요함과 기쁨을 주는 관념을 권장하고, 해로운 관념들을 버리는 법을 가르쳤다. 그는 친절함, 자비로움이 건강에 이롭다고 보았다.

"불교에는 기도가 없다. 금욕주의도 없다. 칸트식의 당위 명령도 없다."라는 니체의 말에 현실 불교의 스님조차 고개를 갸우뚱할 것이다. 심지어 수도 공동체 안에서도 강제나 억압은 없다니, 이는 이상적인 불교에 대한 바람은 될 수 있을지언정 현실은 그렇지 못하다. 차마 다 한꺼번에 읽을 수도 없는 계율을 보아라. 그러나 나는 여기서 현실 불교로 인해 잊고 있던 붓다의 정수를 만난다. '아, 왜 우리는 그렇게 쉽게 그런 모든 강제적 요소는 감각의 예민함을 더욱 자극해 원치 않는 결과를 낳기 때문에 피해야 한다.'라는 붓다의 가르침을 잊고 있었던가.

붓다는 타인을 향한 전쟁을 요구하지 않는다. 그의 가르침은 복수, 혐오, 원한과 같은 감정을 가장 경계한다. "적의 감정은 적의 감정으로 사라지지 않는다"라는 문장은 불교 전통 전반에 흐르는 감동적인 주제다. 예수의 정신과 얼마나 닮았는가!

니체에 따르면 붓다는 당대 겪던 정신적 피로감, 지나친 '객관성'(곧 개인적 관심의 약화, 자기 정체성의 상실)을 대면했다. 그리고 이를 극복하기 위해 가장 고상한 지적 관심마저도 다시 개인으로 되돌려야 한다고 보았다. 불교는 개인의 자아를 돌

보는 일을 의무로 간주한다. "오직 너 하나가 필요하다", "어떻게 하면 너는 고통에서 벗어날 수 있는가?" 이 질문은 불교 정신의 핵심 규칙이다. 아테네의 소크라테스를 떠올려도 좋다. 그 역시 '순수한 과학성'에 전쟁을 선포했고, 문제의 영역 안에서도 개인적 윤리를 제시했던 인물이었다.

요컨대, 불교와 기독교는 다르지만 둘 다 인류의 깊은 고통을 마주한 종교다. 기독교는 죄와의 싸움을 통해 인간의 구원을 말하며, 불교는 고통의 근원에 대해 철저히 성찰하고 이를 치유하기 위한 내면의 길을 제시한다.

니체는 이 두 종교를 "데카당스의 종교"라 불렀지만, 나는 그 속에서 오히려 인간을 회복시키려는 가장 지혜롭고 따뜻한 두 길을 본다. 그들은 파괴가 아니라 회복을, 거짓이 아니라 진실을, 허위가 아니라 자비와 실천을 가르쳐왔다. 이 점에서 본래 불교와 기독교는, 인간 정신의 병리학을 넘어서는 은총의 여정이라 말할 수 있다.

21

억눌린 자들의 하나님, 온전한 자들의 길

불교의 전제조건은 매우 온화한 기후, 관용과 자비의 풍습, 비폭력의 이상을 추구하는 문명사회이며, 특히 교육받은 상류 계층이 그 사상의 중심이 된다. 이는 진리와 자비가 오직 지식인 집단에만 속한다는 뜻이 아니다. 그것은 불교가 인간의 내면 성찰을 중시하며 그것을 삶의 고결한 방식으로 실현해 왔다는 의미이다.

사람들은 집착과 욕망을 내려놓는 삶을 최고의 목표로 삼고, 그 길에서 자기 자신을 변화시키며 결과적으로 그 목적을 이룬다. 불교는 단지 이상적인 완전함을 동경하는 종교가 아니다. 오히려 자기 수련을 통해 매일 실현되는 완전함을, 모든 인간의 본성 속에 이미 존재하는 가능성으로 간주한다.

기독교에서는 세상의 힘과 권력으로부터 소외된 자들, 억눌린 이들의 고통이 드러난다. 그러나 이것은 기독교의 한계가 아니라, 그 본질적 사명이다. 낮은 자들이 복음을 받아들이고, 그 안에서 구원을 찾는다는 것은 하나님 나라의 역전된 가치 체계를 드러낸다.

죄를 돌아보고, 스스로를 성찰하며, 양심에 따라 살아가는 삶은 기독교인의 고귀한 실천이다. 기도는 전능한 하나님께 우리의 의지를 내어 맡기고, 인간의 교만을 내려놓는 겸손의 행위이며, 하나님의 정의와 긍휼을 끊임없이 구하는 소통의 길이다.

기독교에서 '은혜'는 인간의 노력으로는 도달할 수 없는 영역에 대한 신적 응답이며, 이것이야말로 인간 존재의 가장 깊은 기쁨이다. 하나님은 감추어진 곳에서도 함께 하시는 분이며, 어두운 방에서조차 사람을 만지시는 사랑의 존재다. 육체와 정신, 위생과 영성은 분리되는 것이 아니라 통전 된 삶을 이룬다. 무어인의 목욕탕 폐쇄는 문화적 오해였을지라도, 본래 기독교는 인간의 몸을 '하나님의 성전'으로 이해하며, 모든 청결함은 거룩함으로 이어지는 길이라 여긴다.

본래 기독교 신앙은 '자신에 대한 경건한 엄격함'을 지닌다. 이것은 잔인함이 아니라 자기 절제이며, 타인에 대한 경계가 아니라 정의와 진리를 향한 열정이다. 다른 생각을 가진 이들과의 대립이 있더라도, 그것은 복음을 통한 회복과 화해를 위한 갈망이지 증오가 아니다. 기독교는 늘 고통받는 자들을 위한 종교였으며, 권력을 소유한 이들에게도 참된 영혼의 자유를 권면한다.

간질과 같은 광기처럼 보였던 환상적 신앙 체험조차, 하나님과 살아있는 만남의 표현이었다. 그 체험은 성령의 역사였고, 오히려 인간의 상상을 초월한 은총의 흔적이었다. 신앙생활은 늘 긴장 속에 존재하지만, 그것은 인간의 신경을 병들게 하는 것이 아니라 성숙하게 한다.

참 기독교는 '세상의 지배자들'과 경쟁하거나 적대하는 것이 아니라, 그들이 잃어버린 영혼의 가치를 되찾도록 초대한다. 육체가 아니라 영혼을 원하는 이유는 인간의 가장 깊은 차원이 하나님의 것이기 때문이다. 기독교는 자긍심, 용기, 자유를 억누르지 않는다. 오히려 참된 자긍심과 용기, 진정한 자유는 십자가를 통해 나타난다. 진짜 기독교는 감각 자체를 부정하지 않는다. 오히려 모든 감각이 하나님께 향하도록 정결하게 해야 하며, 기쁨은 하나님과 함께 있을 때 가장 충만해진다.

22

진리를 향한 두 길

초기 기독교는 그 기원을 고대 사회의 주변부와 가장 낮은 곳에서 시작했으나, 곧 그 경계를 넘어 '이방'으로 불리던 세계 속으로 자신을 확장해 나갔다. 그 여정 속에서 기독교는 피로에 지친 사람들만이 아니라, 내적으로 갈등하며 고통 가운데 놓인 강한 이들을 위해 새로운 길을 제시했다. 이 고통은 단지 감각의 예민함이 아니라, 치유되지 못한 상처에서 비롯된 것이다. 그들에게 기독교는 단순한 도피가 아니라, 새로운 인간 존재로의 재창조를 가능케 했다.

이러한 이들을 품기 위해 기독교는 그들의 문화와 상상 안에서 이해될 수 있는 상징을 채택했다. 첫 열매의 제물은 헌신을 의미하고, 피로 상징된 성만찬은 생명과 연합을 나타낸다. 고통과 절제는 훈육이 되었고, 장엄한 예배는 하나님의 영광에 대한 인간의 응답이었다. 기독교는 정신을 거부한 것이 아니라, 오히려 자기중심적 이성과 오만한 교만을 넘어선 새로운 지혜의 출현을 위해 싸워왔다.

한편, 불교는 성숙한 문명과 그 안에서 예민해진 영혼들을 위한 길을 제시한다. 지나치게 민감해진 감각과 지성의 과잉 속에서 불교는 고요함과 절제를 통한 회복을 추구한다. 이는 도피가 아니라, 삶을 새롭게 바라보는 전환이다. 불교는 몸과 마음의 조화를 회복시키고, 지친 세계에 맑은 샘물을 제공한다.

본래 기독교는 아직 문명이 정립되지 않은 곳에서조차 새로운 문명적 질서를 제시하는 능동적 영성을 지녔다. 병들게 하기 위한 약화가 아니라, 제어할 수 없는 힘을 온유함과 책임으로 바꾸는 훈련이 그것이다. 강한 자가 온유한 자로 거듭나는 길, 그것이 기독교 문명의 근간이 되었다.

초기 기독교는 짐승과 같은 본성을 병들게 한 것이 아니라, 그것을 새롭게 길들여 하나님의 형상을 닮게 하였다. 불교가 문명에 치유와 내적 평화를 주는 지혜의 종교라면, 예수를 닮은 진짜 기독교는 문명의 시작과 확산 속에서 공동체와 역사, 제도와 문화를 형성한 창조적 믿음의 길이었다.

23
사랑의 종교, 무의 종교: 기독교와 불교를 넘어서

　기독교와 불교를 비교하면서 그것을 마치 예수와 부처를 비교하는 것으로 착각해서는 안 된다. 두 종교를 비교하려거든 이미 종교화된, 같은 선상에서 비교해야 한다. 그러기에 불교가 기독교보다 몇백 배나 더 냉정하고, 더 진실하고, 더 객관적이라고 말하는 것은 당시 인도 상황이나 불교 대중을 잘 모르는 결과다. 그 역도 마찬가지다. 종교의 우열을 가리는 것만큼 미련한 짓은 없다.

　불교가 기독교와 가장 다른 것은 자신의 괴로움을 해결하기 위해서 그것을 '죄'라고 규정할 필요가 없다는 것이다. 그것은 '집착'이 원인이 되어 발생하는 현실일 뿐이다. 자신의 괴로움을 해결하는 방법으로 그 원인(집착)을 바로 알고, 그것을 해결하기 위해 팔정도八正道의 길을 따르면 된다는 단순한 해법을 제시한 것이다. 이를 위해 굳이 '악마' '죄'를 상정할 필요는 더더욱 없었다. '나는 괴롭다'라는 사실은 정직하게 대면하기에 힘들기는 하지만 그렇다고 죄인 되어 정죄하거나 부끄러워할 것은 아니었다.

예수 사상의 바탕에 동양적인 섬세한 면이 있었다는 것은 당연하다. 그는 동양인이었으니까. 그러나 기독교가 서구화되면서 예수의 사상뿐 아니라 그의 이미지조차 서양화되어 이 엄연한 사실을 잊게 한다. 그러나 예수의 도가적인 느낌을 물씬 풍기는 저 쿠란에 기록된 예수의 첫 기적 이야기를 떠올려 보라! 예수는 진흙을 가지고 새의 형상을 만든 후, 숨을 불어 넣어 새를 날게 했다. 이슬람에서조차 예수는 생명을 불어넣는 자유롭고 아름다운 존재다.

무엇보다 예수는 무엇이 진리인지 알고, 또 진리를 믿는 것이 가장 중요하다는 것을 알고 있었다. '진리' 그 자체와 '진리에 대한 믿음', 이 두 가지는 전혀 다른 영역이지만 정반대의 세계는 아니다. 물론 이 두 세계에 도달하는 길은 근본적으로 서로 다르다.

진리, 그 자체, 혹은 '그분'을 발견하는 것은 영안靈眼이 열려야 가능한 것이다. 이것은 계시와 관련된 영역이다. '진리에 대한 믿음'은 영이靈耳, 영적인 귀가 열려야 가능하다. 이것은 깨달음과 관련된 영역이다. 그래서 예수는 수도 없이 '눈 있는 자는 보아라, 귀 있는 자는 들어라!'를 외쳤다. 이 둘 다 '새로운 영적인 태어남'으로 가능하다는 점에서 공통점이 있다. 진리로 향하는 길은 금지되어 있지 않다. 이 믿음이 우리를 살린다.

강한 희망은 어떤 개별적인 행복보다도 삶에 강력한 자극제다. 괴로움을 당하는 사람은 어떤 실재성(현실)으로도 반박할 수 없는 살아 있는 희망으로 극복해야 한다. 고통 또한 하나님 나라에 대한 희망을 통해 사라질 수 없다. 그것은 결코 '희망 고문'이 아니다.

그러나 기독교의 잘못된 희망은 현실을 직면하지 못하게 만드는 '죽은 소망'이다. 고통을 참고, 지금을 견디게 만들지만, 그 이유는 "언젠가는 나아질 것"이라는 환상 때문이다. 이 희망은 노예 도덕의 도구가 되었다. 거짓 기독교는 희망을 통해 인간에게 현실의 불행을 받아들이도록 교육한다. 즉 현실의 개혁이나 저항 대신 "천국", "죽음 이후", "신의 보상"을 기다리게 만든다. 이 때 희망은 가장 교묘한 지배 수단으로 전락한다.

불행하게도 인간이 이런 피안 희망을 품고 있는 능력 때문에, 그리스인들은 희망이라는 것을 악 중의 악, 그야말로 악의적인 악으로 간주했다. 그래서 그 악을 판도라의 상자 속에 계속 남겨 두었다. 이유는 희망이 인간을 지배하고 길들이는 데 가장 효과적인 악이기 때문이다.

종교적으로 볼 때 신의 사랑이 가능하게 하려면 신은 인격적이어야 한다. 거기에다 가장 낮은 인간의 본능조차도 용납되려면 신은 젊어야 한다. 그러기에 그들을 만족시키려면 예수도 잘생긴 성자聖子여야 했고, 남자들의 열정을 만족시키려면 마리아Maria를 전면에 내세우지 않을 수 없었다는 주장도 나름 의미 있다.

초기 기독교는 아프로디테나 아도니스Adonis의 숭배를 통해 이미 형성된 숭배 개념 기반 위에서 형성되었다는 비판도 겸허하게 받아들여야 한다. 두 신에 대한 숭배는 본질적으로 감각적 몰입, 고통에의 감정적 동일시, 애도와 감격의 반복을 중심으로 한다. 기독교는 이 정서를 그대로 차용한다. 즉, 기독교는 철저하게 고대의 종교적 정동affekt, 특히 감정적 숭배와 희생적 정서를 활용한 것이다.

그런데 이것이 그토록 잘못된 것인가? 어느 종교든 그 시대의 문화와 신화의 뿌리를 자양분 삼아 형성되는 것이 당연한 것이 아닌가. 기독교 또한 하나의 종교라는 사실만 인정한다면 이 현상은 비판이 아니라 현실로 받아드리는 것이 더 좋다. 예수의 사랑이라는 기초만 무너트리지 않으면 말이다.

예수의 사랑은 인간 세계를 넘어서 신적인 사랑의 표상이었다. 한편, 순결에 대한 요구는 종교적 본능의 격렬함과 내면성을 강화한다. 그것은 제의를 한층 뜨겁고, 한층 열광적이고, 더욱 영적으로 만든다.

사랑이란 눈에 보이는 사물 그 너머의 실재를 보도록 하는 힘이다. 사랑에는 변화시키는 힘이 내재 되어 있어 실재의 현실을 만들어 내는 힘을 최고조에 이르게 한다. 사람들은 어느 때보다 사랑에 빠져 있을 때 더 잘 참고, 모든 것을 이겨낸다. 그러므로 기독교는 사람이 사랑을 할 수 있는 힘을 주는 종교가 되어야 한다. 사랑이 있으면 사람들은 살아가면서 주어지는 최악의 것도 극복하고, 심지어 그런 것은 이제는 눈에 보이지도 않게 되기 때문이다.

이상 정리한 세 가지 덕목인 믿음, 소망, 사랑에 대해서 이만큼 말해두기로 하자. 나는 이것을 가리켜 기독교의 세 가지 지혜라고 부르겠다. 불교 또한 다른 방식으로, 실증적으로 이 지혜를 실천해 나갔다.

24
유대교, 기독교 탄생의 토양

나는 여기서 기독교의 기원을 논하고자 한다. 그 기원을 올바로 이해하기 위한 첫 번째 명제는 이렇다. 기독교는 그가 태어난 토양 위에서만 이해될 수 있다는 것이다. 기독교는 유대교에 대한 반동이 아니라, 유대 전통 안에서 이루어진 하나님 계시의 결실이다. 구세주께서 말씀하신 바와 같이, "구원은 유대인에게서 비롯된다."

두 번째 명제는 이렇다. 갈릴래아 사람, 곧 예수의 인간적 유형은 여전히 확인할 수 있다는 점이다. 그리고 오직 인간 역사와 하나님의 역사 모두가 맞닿는 그분의 성육신이 신성과 인성을 함께 가진 구세주의 유형으로 완성되었을 때, 인류 전체를 위한 참된 구원의 길이 열렸다.

유대 민족은 세계사에서 가장 '신비로운 민족'이다. 그들은 하나님을 배반하는 생존의 갈림길에서, 하나님의 부르심 앞에 통회하며 "예"라고 응답했으며, 하나님을 향한 철저한 헌신을 통해 세계 역사에 하나님의 흔적을 남겼다.

본래의 제사, 율법, 전통은 모두 하나님의 거룩함을 향한 경외에서 비롯되었다. 하지만 종교나 권력의 지배자들이 하나님의 뜻을 배반하고, 인간을 억압하는 역사를 반복했다. 긍정적으로 이야기하면 인간의 한계 너머로 도약하려는 하나님 백성의 내적 순례였다.

이러한 예언자적 긴장과 구원 역사 안에서 기독교는 탄생했다. 그것은 유대 전통의 복사판이 아니라, 그 성취이며, 그 안에서 구약의 언약은 신약에서 완성되었다. 유대인은 인류에게 복음의 문을 열어 준 선택된 도구였고, 그들을 통해 하나님은 모든 민족에게 복을 주시기로 하셨다.

기독교의 도덕은 결코 '원한'이나 '반동'에서 비롯된 것이 아니다. 오히려 그것은 생명을 부정하는 세속적 권력과 자기

중심성에 대한 하나님의 "아니오"이며, 진정한 생명을 향한 길을 여는 희생과 사랑의 실천이다. 그 세계는 이 세상의 왜곡된 힘을 '악'이라 부르되, 이를 정죄함으로써가 아니라 구속함으로써 넘어서려 한다.

유대인은 오랜 세월 동안 강인한 생명력을 지닌 민족으로서, 도저히 살아갈 수 없을 때조차 하나님께 희망을 두며 역사의 길을 걸어갔다. 그들의 신앙은 데카당스가 아니라 오히려 그것을 넘어서려는 희망의 연극이었다. 바울은 이를 누구보다도 깊이 깨닫고, 십자가라는 "하나님의 어리석음" 속에서 세상의 지혜를 꺾으시는 구속의 논리를 발견하였다.

기독교는 결코 인간을 병들게 하거나, 세상을 비방하기 위해 등장한 종교가 아니다. 오히려 그것은 죄로 병든 인류를 치유하고, 혼란한 세계를 다시 회복하기 위한 하나님의 치유 프로젝트이다. 그 안에서 "선"과 "악", "진리"와 "거짓"은 다시 생명의 방향으로 재조명되며, 인류는 새로운 창조 안에서 다시 살아난다. 현재 기독교가 여기에서 한 참 멀어진 것이 안타깝다.

25

야훼의 몰락:
신앙의 타자화

이스라엘 역사는 신앙 타자화의 전형이라는 점에서 독특한 역사다. 나는 여기서 몇 가지 사실을 지적하지 않을 수 없다. 특히 신의 타자화, 즉 이스라엘이 점점 '야훼' 하나님을 탈(脫)자연화, 탈 역사화시키는 과정에서 '야훼'는 철저하게 소외되어 갔다.

본래 그들의 '야훼'는 사랑에 대한 신앙의 표현이었고, 즐거움의 표상이었으며, 그들 자신에 대한 희망의 표출이었다. 야훼는 그런 이스라엘 백성에게 승리와 구원을 허락하였고, 그들은 자기 신(神)이 복을 내려 주리라 믿었다.

이스라엘의 하나님 '야훼'는 정의의 하나님이었다. 그것은 약육강식, 힘의 논리를 가지고 힘을 휘두르는 '이방 민족'의 행태와 대조적이었다. 대신 야훼는 고난받은 민족의 하나님으로서 약하고 소외된 자를 구원하고, 억압받는 백성을 해방하는 하나님이었다.

이런 신을 믿었던 이스라엘 민족은 자기 긍정의 두 가지 측면을 감사의 축제 의식을 통해 표현했다. 즉 그들은 자기 민족을 현재 상황으로 높여 준 위대한 섭리에 대한 감사와 계절 변화와 목축과 농경에서 얻는 모든 풍요의 축복에 대한 감사가 그것이다. 이러한 상황은 사사들의 시기를 거쳐, 비극적인 역사를 맞은 후에도 오랫동안 이상적인 모습으로 남아 있었다.

그러나 그들은 얼마 지나지 않아 훌륭한 군인이자, 엄격한 심판관으로서 왕에 대한 환상을 꿈꿨다. 원치 않았던 왕의 등장으로 인해 야훼는 점점 '늙은 신'으로 치부되거나 '잠자는 신'으로 전락해 버렸다.

사람들은 그 신을 차라리 버려야만 했다. 그래서 무슨 일이 일어났는가? 그 신의 개념이 변질되고 말았다.—신이 타자화他者化 혹은 대상화對象化된 것이다. 이러한 변질의 길을 걸으면서도 이스라엘은 고통이 차오르면 줄 곳 그 야훼를 수단화하는데 매달렸다.—'정의의 신'이었던 야훼—그는 더는 이스라엘과 하나 된 신이 아니었고, 더는 민족적 자신감의 표현도 아니었다. 단지 조건에 의해 제약된 하나의 신일 뿐이었다…….

그 신은 이제 사제 선동가들의 손아귀에서 놀아나는 도구로 전락한 것이다. 그들은 모든 행복은 신의 보상으로, 모든 불행은 신에 대한 불복종한 벌, '죄'에 대한 벌로 일원화시켰다. 이것은 '원인'과 '결과'라는 자연 개념을 영원히 뒤집어 버렸다. 대신 '제의적 신앙 질서'라는 가장 기만적인 해결 방식을 고착화했다.

보상과 벌이라는 개념을 사용하여 신앙적인 인과관계를 없애 버리고 나면, 이제 반反신앙적인 인과관계가 필요하게 된다. 이제는 그 밖의 모든 비非신앙적인 것이 그 뒤를 따르게 된다. 도움과 충고를 주고 근본적으로 용기와 자기 신뢰를 불어넣어 주는 모든 행복한 영감靈感의 대명사인 '하나님' 대신에 자신들이 요구하고 숭배하는 우상偶像으로서 신이 들어서게 된 것이다……

 신앙, 그것은 이제는 한 민족의 생존 조건과 성장 조건을 표현하는 것도 아니고, 그 민족의 가장 심층적인 삶의 본능도 아니며, 오히려 그것은 추상적인 것, 삶의 반대가 되어버렸다. 진리는 자유로운 영성靈性을 마비시키는 '율법', 모든 일을 '정죄적인 시각'으로 바라보는 규율로 대체되어 버렸다.

 유대적인 도덕이란 무엇인가? 기독교적인 도덕이란 무엇인가? 불행은 죄라는 개념으로 더럽혀졌다. 행복은 위험으로, 유혹으로 간주되었다. 육체적인 질병조차 이제 양심의 가책으로 독이 되어버렸다.

26

신의 위조와
타락의 계보

이제 하나님의 개념이 철저하게 위조(僞造)되었다. 하나님이 계시한 율법의 뜻이 왜곡되고 변질되었다. 유대 사제들은 여기에서 멈추지 않았다. 이스라엘 전체 역사 속에서 하나님의 관여를 불필요한 것으로 만들어 버렸다. 이를 위해 차라리 신을 제거해 버리는 편이 나았다!

사제들은 하나님의 뜻을 위조(僞造)하는 기적을 잘도 만들어 냈고, 그것은 구약 안에 상당 부분이 남아 있다. 그들은 신앙 전승과 역사적 현실을 더할 나위 없이 경시하고, 민족의 토대인 야훼 신앙을 율법 종교로 바꿔버렸다. 다시 말해 자신의 역사를 야훼 처벌 이전의 죄책감, 야훼의 보상을 위한 가식적인 경건함이라는 어리석은 구원의 도구로 만들어 버린 것이다. 이것은 이제껏 일어난 신앙 왜곡 중에서 가장 수치스럽고 최악의 행위였다.

예수는 이를 지나치지 않았다. 예수는 하나님 앞에서 필요한 것은 죄책감이나 형식적인 경건함이 아니라 사랑의 회복이라는 것을 알렸다. 만약 새로 탄생한 기독교가 예수의 뜻에 따라 수천 년 동안 역사 속에서 정의를 요구하는데 무감각해지지 않았다면 이 치욕스러운 왜곡 행위가 다시 등장할 수 없었을 것이다.

그러나 황당하게도 신학자들이 기독교와 교회의 불의를 변호하러 나섰다. "거짓된 신앙적 세계질서"가 신학의 전개 과정 전체에, 심지어 근래의 잘못된 신학에 두루 스며들어 있을 정도다. 기독교가 유대교 역사의 전철을 밟고 있다.

"거짓된 신앙적 세계질서"라는 것은 도대체 무슨 의미인가? 그것은 인간이 해야 할 것과 해서는 안 되는 것을 결정하는 영원한 '하나님의 뜻'이 존재한다는 것이다. 크든 작든 민족과 개인의 모든 가치는 하나님의 뜻에 복종했는지에 따라 측정된다는 것이다. 이것은 하나님의 뜻이 한 민족과 한 개인의 운명에 지배적인 것이 된다는 것이기도 하다. 그것은 복종의 정도에 따라 치밀하게 보상된다는 것이다.

언뜻 보기에 맞는 말 같지만 이러한 측은한 거짓말 뒤에 있는 실상實相은 다음과 같다:

모든 건강한 삶을 희생함으로써 번성하는 기생충 같은 인간인 삯꾼 목사가 하나님의 이름을 오용하는 것이다. 목사는 말로는 모든 일의 가치를 결정할 수 있는 상태를 "하나님 나라"라고 부른다. 또 입으로는 그런 상태에 도달하고 그것을 유지할 수 있는 수단을 일컬어 "하나님의 뜻"이라고 말한다. 그러면서 이런 주장은 제쳐두고, 목사들은 고압적인 태도로 민족들과 시대와 개인들이 자기네 목사들이 지배하는 상황에서 유용한지, 아니면 거슬리는지에 따라 그들을 심판한다. 그들이 해 온 짓을 보라!

과거 유대 민족 사제들로 인해 하나님의 구원 역사, 그 자체였던 이스라엘 역사의 위대한 모습이 쇠퇴의 시대로 바뀌어 버렸다. 오랫동안 고난의 시기였던 바빌론 유폐의 시기는 영원한 형벌이 되었다. 그뿐 아니라 그때 사제들은 예수 같은, 이스라엘 역사 속에서 강하고 매우 자유로운 성향을 지닌 인물들을 필요에 따라서는 신앙이 아예 없거나 '하나님을 모독하는 사람들'로 만들어 버렸다. 그들은 위대한 사건마다 '율법에 대한 복종 혹은 불복종'이라는 바보 같은 공식으로 단순화시켜 버렸다.

한 걸음 더 나아가 목사는 자기 손안에 있는 '신의 뜻'을 더욱 권력화하기 위해 '계시Offenbarung'라는 개념을 도용했다. 쉽게 말해 구두口頭로 전해오는 전승과 문헌의 위조가 필요했고, 더욱더 복음 대신 교리가 절대화되었다. 그리하여 교리는 오랜 세월 동안 죄에 대한 '회개의 날'과 '비탄의 절규'를 포함하고, 목사들의 온갖 가증한 표현이 담긴 채 공포된다. '하나님의 뜻'은 오랫동안 확고히 세워져 있었고, 모든 불행은 사람들이 '교리'로부터 멀어진 데에 있다는 것이다……. 그리고 그 '교리'는 이미 모세에게 계시가 되었다는 것이다…….

도대체 무슨 일이 벌어진 것일까? 목사는 엄격하고 지나친 형식화로, 사람들이 그에게 바쳐야 했던 헌금에 이르기까지 자기가 갖고 싶은 것을, 즉 '하나님의 뜻이 무엇인지'를 영구히 정형화해 버렸다…… 그때부터 어디서나 목사가 없어서는 안 되도록 모든 신앙 삶에서 그렇게 규정되어 버렸다.

'성스러운 기생충'은 삶의 자연스러운 일상에서, 제사(식사 시간)는 말할 것도 없고 출생, 결혼, 병, 임종 때도 등장해서 그 모든 것을 율법화 한다. 목사 자신들의 말로는 그것들을 "성스럽게 한다."…… 이것이 고스란히 지금도 기독교의 성직자 계급에 있는 사람들에게 이어지고 있다니 정말 놀라운 일이 아닌가!

따라서 사람들은 한 가지를 파악해야 한다. 모든 자연적 관습, 모든 자연적 제도(국가, 사법 질서, 결혼, 병자와 약자를 돌봄), 삶의 본능이 고취하는 모든 요구, 예컨대 그 자체로서 가치를 지닌 모든 것이 기독교 목사들의 기생주의寄生主義(또는 "교리적 세계질서")에 따라 근본적으로 가치를 상실하고, 가치에 적대적이 되었다는 것이다.

이런 일들은 추후의 인가가 필요하게 된다. 그런 삶의 본능이 지닌 자연스러움을 부정하기 위해 한편에서는 어떤 다른 가치를 창조해 내고, 다른 한편에서는 그 가치를 부여하는 권력이 필요하다…… 예를 들어 그들은 신을 박제화하고 탈신성화脫神聖化한다. 이러한 대가를 치러야만 그들은 존재한다.

기독교 사제들이 말하는 신에 대한, 목사에 대한, '율법'에 대한 불복종은 이제 '죄'라는 이름을 얻게 된다. 이것은 '너 자신을 하나님과 화해하는' 수단과 목사들에 대한 복종을 더욱 철저하게 보장해 준다. 이제 목사들이 '구원해 주는 존재'가 되는 것이다……

심리학적으로 고찰하면, 이런 위선적인 목사로 조직되어 있는 기독교는 어디서든 '죄'가 필수 불가결인 것이다. 죄가 권력의 실질적인 집행자이고, 목사들은 죄에 의존해서 살며, '죄를 범하는' 일을 필요로 하게 된다…… 그들의 지상地上 명제는 "하나님은 회개하는 자를 용서하신다"라는 것이다. 쉽게 말해 이 말은 '하나님은 목사에게 복종하는 자를 용서하신다'라는 말과 동의어로 전락해 버렸다.

27

예수 혁명:
신성한 민족에서 에클레시아로

초기 예수 공동체는 '하나님의 뜻'을 왜곡하고 수단화한 유대적 토양에서 자라났지만, 지배계급의 가장 심층적인 본능을 거부했다. 그 공동체는 지금껏 유례가 없을 정도로 대단하게 현실성을 인정하는 형식을 띄웠다. 그들은 '신성한 민족'이란 의식도 배제하고, 사제적 가치, 사제적 언어를 파괴했다. 대신 환희와 행복을 불러일으킬 정도로, 공동체적으로 일관되게 지상에서 삶의 의미를 북돋웠다.

세상에 대해 '신성하지 않다'라거나 '세속'이라거나 '죄악'이라 부르기보다는 하나님의 구원과 예수 십자가와 동일시에 강조점을 두었다. 이제 그 민족은 자기 본능을 거부하고, 자기 부정에 이를 정도로 논리적인 최후의 공식을 만들어 냈다. 예수 공동체는 그 민족이 마지막으로 남은 현실성의 형식, 즉 '성스러운 민족' '선택된 민족'이라는 유대적 자의식마저도 부정해 버렸다.

'나사렛 예수'라는 이름으로 일으킨 혁명적 하나님 나라 운동은 유대적 본능을 거부한 가장 좋은 예이다. 달리 말하면 현실로서 사제 계급을 더는 인정하지 못하겠다는 평등 본능이며, 훨씬 구체적인 현존재 방식과 새로운 하나님의 부르심으로 이루어진 공동체인 '에클레시아'에 의해 현실적인 세계상을 구현해 낸 것이다. 예수 공동체는 에클레시아로서 교회가 되어 갔다.

예수가 일으켰다고 인정되는 이 혁명이 유대 종교에 대한 대항이었다면, 과연 무엇에 대항한 반역이었는지 잊지 말아야 한다. 그것은 '악한 자들과 불의한 자들의 억압'에 대한 반역이었고, 이스라엘의 사제와 지배계급에 대항한 반역이었으며, 당시 사회의 위계질서에 대항한 반역이었다. 그것은 부패에 대한 거부였으며, 계급과 특권, 체제 유지와 질서와 형식에 대한 반역이었다. 그것은 '고위층'에 대한 불신이었고, 사제와 율법 학자였던 사람들 모두에 대한 날 선 비판이었다.

이런 의미에서 예수 공동체가 기존 유대교로부터 핍박을 받은 것은 당연하지 않은가! 그것은 아무리 문제가 있더라도 그 위계질서는 유대 민족을 계속 살아남게 해 준 방주였으며, 살아남기 위해 힘들게 획득한 마지막 가능성, 즉 민족의 독립적인 정치적 생존을 위한 보루였기 때문이다. 이에 대한 공격은 유대교의 근간을 흔드는 위험한 공격이었고, 사제계급에게 있었던 악착같은 권력의지에 대한 공격이었다.

바로 이것이 하층민과 배척당한 자, 병든 자, 창녀, 즉 유대교 내부에 죄인들로 취급받던 이들이 하나님의 아들딸로 다시 태어나 지배 질서에 대해 조용하지만, 힘 있게 저항할 수 있도록 힘을 주었던 이 거룩한 사랑의 혁명가, 그를 십자가형으로 몰고 갔다.

그는 정치적인 사회에서 터무니없이 한 사람의 정치범으로 사형당했다. 이것에 대한 명백한 증거는 갈보리 언덕 나무 십자가 위에 붙여 놓았던 명패다: "유대인의 왕". 그는 자신의 죄로 죽은 것이 아니었다. 이런 뜻에서 그는 다른 사람의 죄를 대신해서 죽었다는 신앙고백이 가능해진다. 왜냐하면 그가 그렇게 죽지 않았다면 더 많은 이들이 십자가에 달려 죽었을 것이기 때문이다.

28

복음서의 불투명함과
신학자의 오만

그런데 여기서 한 가지 다른 질문이 제기되는데, 그것은 예수가 그런 반대 의식을 가지고 있었는지, 아니면 그가 단순히 반대하는 사람으로 보였는지, 하는 문제다. 여기서 나는 구세주의 영적 문제를 다루고자 한다:

복음서만큼 깨닫기 힘든 책은 없다. 다른 종교들의 학문적 호기심에 이끌리어 탐구하고 이해했던 것에 비하면 이렇게 힘든 깨달음 또한 드물다. 얼마나 어려웠으면 영의 도움 없이는 불가능한 깨달음이라고 말하겠는가.

지금은 먼 옛날이야기지만 젊은 시절 나는 많은 신학자의 빈틈없고 온전한 노력으로 저술된 많은 예수 생애의 글을 읽었다. 지금의 나는 더욱 진지하다. 왜 나는 "전승"이 지닌 다양한 모순점들에도 불구하고 그것에 대해 전적으로 동의하는가? 성인의 전설 따위를 도대체 어떻게 "전승"이라고 부를 수 있는가 하는 비판을 우습게 여기는가! 성자들의 이야기는 애매하기 짝이 없는 문학이지만 그 속에 진리가 담겨 있다고 믿는가!

　복음서 원전이 남아 있지 않기에 더욱이 학문적 방법을 사용하는 것은 너무도 중요하다. 그것이 신학자들의 책임 있는 자세이다. 그러나 그것만으로는 턱없이 부족하다. 수많은 신학자의 오만과 절망은 여기에서 비롯된다. 오만이라함은 자신의 엄밀한 신학적 노력, 그 자체에서 오는 만족감에서 기인한다. 절망이라함은, 결국은 쪼개놓기는 했으나 진리의 영으로 통합시키지 못하는 영적 능력의 부재에서 비롯된다.

29
예수에 대한 영적 이해

내가 관심하고 있는 것은 예수에 대한 영적인 이해다. 설사 복음서 내용이 아무리 짧게 편집되고, 낯선 증언들로 넘쳐나고, 심지어 일부는 훼손되었을지라도 예수에 관한 정보와 이해는 결국 복음서 안에서 찾을 수밖에 없다. 아시시 Assisi 성 프란체스코의 영성이 그의 전설에 잔잔히 보존된 것처럼 말이다.

여기서 중요한 것은 예수가 행한 일, 예수가 말한 것, 결국 예수가 어떻게 죽었는지에 대한 것만이 아니다. 우리가 그의 영적인 유형을 더 상상할 수 있는지, 그것이 어떻게 '전승되었나, 이것이 중요하다.

복음서를 한낱 '영혼'의 역사로 읽어내려는 시도들은 나에게는 가증스러운 심리적 경솔함으로 보인다. 심리학에서 어릿광대인 저 르낭Renan씨는 예수의 유형을 설명하기 위해서 가장 부적절한 두 가지 개념을 끌어왔다. 천재Genie 개념과 영웅Heros 개념이다. 그중에서도 '영웅' 개념이야말로 가장 비非 복음적인 개념이다.

복음서에는 투쟁의 거부, 투쟁하고 있다는 느낌조차도 용납하지 않는 것이 하나의 본능이다. 그러나 이것은 저항할 힘이 없기 때문이 아니다.

"악을 악으로 대적하지 말라"라는 말씀은 복음서 가운데 가장 깊이 있는 말, 어떤 뜻에서는 복음서를 이해하는 중요한 단서다. 저항할 힘이 있지만 저항하지 않는 것이 힘이 되고, 평화와 온유함과 적대하지 않으므로 말미암은 기쁨이 하나의 영성이 된다.

"기쁜 소식"frohe Botschaft이란 무엇인가? 그것은 진정한 삶, 영원한 삶이 도래했다는 것이다. 그것은 단지 약속된 것이 아니라 바로 지금, 여기 우리 안에 있다. 사랑 안에서 삶, 소외나 거절, 거리감 없는 사랑 안에 있는 삶에 영원한 삶이 있다.

모두가 하나님의 자녀다. 예수는 어떤 특권도 요구하지 않았다. 하나님의 자녀로서 누구나 동등하다는 것이다……. 이런 예수를 한낱 영웅으로 만들려 하다니! —게다가 '천재'라는 말은 얼마나 잘못된 오해란 말인가!

예수가 살던 세계에서는 지금의 문화 개념인 '정신'Geist이라는 개념은 의미가 없었다. 나는 영성학자의 섬세한 다른 말로 그를 표현할 수 있다. 곧 그 표현은 다름이 아니라 '예수는 '순수'라는 말이다. 우리는 어떤 사물이 사건, 사람을 접촉해도 절대 두려워하지 않는, 때 묻지 않는 영혼을 지닌 사람이 있다는 것을 알고 있다.

이런 순수한 영혼이 최고로 고양된 결과를 바라보아라! 그것은 모든 현실적인 것을 향한 본능적 사랑이다. '상상할 수 없는 것', '이해할 수 없는 것'조차 수용되고, 모든 형식에, 모든 시공간 개념에 호감을 느낀다. 그로 인해 견고한 모든 것, 관습, 제도, 문화의 모든 것이 성찰된다. 이 사람이 바로 예수다.

단순한 '내면적인' 세계가 아니라, 모든 것이 실제로 느껴지는 세계 안에, '진정한' 세계, '영원한' 세계 안에 거하게 되는 것이다……. 그 예수 말했다: "하나님의 나라가 너희 안에 있다"라고…….

30
현실을 향한 본능적 사랑

현실(실재)에 대한 사랑 본능. 그것은 예민한 영적 감수성을 지니게 한다. 또한 이 본능은 원치 않는 고통을 느끼는 능력 Leidfaehigkeit과 포용력과 최고의 선함으로 이끈다.

모든 혐오, 모든 적대감, 모든 경계, 그리고 감정의 거리감마저 포용하는 본능. 사실 그것은 내키지 않는 것이요, 해로운 것이며, 자기 보존 본능에 거슬리는 것이다. 그러나 그것은 해야만 하는 노력으로 인해 희생을 감수하는 능력과 공감할 수 있는 능력을 지니게 한다. 그래서 악을 포함해 다시는 누구에 대해서든, 무엇에 대해서든 무력 없이 저항할 때 환희를 느낀다. 사랑과 평화가 유일한 삶의 최후 가능성이다.

 이것이 구원의 가르침이 자라나는 기반이 된 두 가지(사랑 본능, 포용본능) 영적 현실이다. 나는 이 가르침을 건강한 영성 기반 위에서 자란 아가페의 연속적이고 세련된 실천이라고 부른다. 이것의 가장 사이비적인 것이 이교의 구원 교설인 에피쿠로스주의Epikureismus다. 에피쿠로스주의는 그리스적 생명력과 신경 에너지를 듬뿍 지니고 있다. 그러나 에피쿠로스는 전형적인 데카당스다. 이것은 니체가 처음으로 간파한 것이다. "쾌락을 추구하되, 고통을 감수하지 않는다면, 너는 삶의 절반도 경험하지 못하는 것이다." 고통에 대한 두려움, 심지어 끊임없는 작은 고통에 대한 두려움, 이 공포는 단지 사랑의 실천 외에는 끝낼 수 없다.

31
구세주 전승의 왜곡과 초기 예수 공동체

나는 앞에서 이미 이 문제에 대해 대답을 제시했다. 우리에게 남아 있는 구세주 유형이 아주 왜곡된 형태로 보전되어 있다는 전제를 잊어서는 안 된다. 사실 성경에 기록되었을 때부터 왜곡되었을 개연성이 크다.

애초에 그 유형은 순하고 온전하게 보전될 수 없고, 또 각색에서 자유로울 수 없는 여러 이유가 있었다. 이 특이한 인물이 활동했던 환경을 생각해 보라. 그에게 종교, 사회 역사적 흔적이 덧붙여 지지 않을 수 없었고, 특히 역사와 초기 기독교 공동체의 운명에 의해 영향을 받을 수밖에 없었다.

무엇보다 전쟁과 선교로 말미암아 저자들의 의도된 특징들이 이 구세주 전형에 풍부하게 더해졌다. 그러므로 예수 그리스도를 제대로 이해하기 위해서는 복음서에 나타나는 영적인 세계를 세밀하게 관찰해야 한다.

그럼에도 불구하고 그나마 다행스러운 것은 최초 사도들의 증언들, 상징과 다소 이해하기 어려운 표현들로 묘사된 한 존재와 직면했을 때, 초기 예수 공동체는 그 전승을 잘 이해하고 믿기 위해 자신의 미숙함을 '하나님의 영'의 도움으로 해결했다는 점이다. 다소 신비스럽게 들릴지 모르지만, 그들은 예수 그리스도 영의 도움을 받아 그나마 더 알기 쉽게 깨달을 수 있었다.

한편, 그것은 예수가 제자들에게 한 약속한 '진리의 영'의 실현이기도 했다. 그러니 지금 기독교가 가지고 있는 예수에 대한 다양한 전형적인 이해들 구세주, 미래의 심판자, 설교자, 교사, 기적을 행하는 자 등 이들 모두는 그 전형을 이해하는 하나의 도움이 되었을 뿐 예수의 전체가 아니라는 사실을 잊어서는 안 된다. 예수 그리스도는 계속 진화한다.

우리는 예수를 이해하는데 있어서 모든 크고 작은 집단의 예수 신앙이 지닌 고유성Proprium을 경시해서는 안 된다. 잘못하면 그 고유성은 신앙되는 자가 지닌 본래의 특징과 고유한 점들을 말살해 버릴 위험성으로 전락해 버린다. 작은 집단이 지닌 신앙의 눈에는 심지어 이러한 것들이 보이지 않을 수도 있다. 그러나 다행히도 초기 예수 공동체는 예수에 대한 나름 정확한 이해를 담지 할 수 있는 행운을 갖고 있었다. 그것은 예수가 살아 있을 당시 함께 먹고 마시며 생활했던 제자들의 전승과 더불어 부활한 그리스도의 풍부한 자기 계시가 이어졌기 때문이다.

마지막 관점은, 그러한 예수는 전적으로 모순된 존재로 비췄다는 것이다. 그는 신적이면서 동시에 너무도 인간적이었기에 사실 특유하고 다양한 모순으로 가득 차 있었다. 아무리 신앙의 눈으로 파악하려 했을지라도 그 모순은 십자가 처형에 이를 때까지 제자들을 괴롭혔다.

복음서 속 예수는 인도와 별로 비슷한 점이 없는 땅, 산과 호수와 들판의 부처와 유사한 인상을 주면서 설교하는 사람의 모습을 지녔다. 이런 모습은 제사장과 율법학자를 공격하고 비판하는 모습, 르낭이 "반어법의 위대한 대가"_{le grand maitre en ironie}라고 예찬한 모습과 매우 모순된다. 그러나 역사적 사실의 여과지_{filter}로 축출되고, 종교적 진리로 증류된 충실하고 객관적인 전승 속에서 '모순처럼 보이는 예수 모습'은 오히려 복음의 힘이 되었다. 왜냐하면 상호 모순된 것은 신앙 에너지를 발생시키는 동력이 될 수 있기 때문이다.

예수가 삶을 변화시키는 힘으로 나타났을 때 그 모순은 오히려 더 많은 이들에게 매력적인 모습으로 다가갔다. 결국 그를 어느 특정한 신앙의 존재 유형이 아니라 그의 말과 활동, 삶, 그의 전체를 믿는 이들에게 그는 실재였다. 삶의 변화만이 예수 존재와 복음의 객관성을 증명할 수 있었다.

나는 초기 예수 공동체가 자신들을 드러내는 활동의 격변 속에서 나타난 예수 체험을 증언했고, 그것이 예수를 이해하는 데 결정적인 역할을 했음을 의심하지 않는다. 또한 나는 어떤 종교든 자신들의 교주를 자신들의 변호를 위해 이용하고, 온갖 무분별한 짓을 저지른다는 사실도 잘 알고 있다. 그러나 초기 예수 공동체가 이런 잘못에 빠져 예수를 각색하고, 도용했다고는 믿지 않는다. 그러기에는 그들은 수나 규모에 있어서 작고 미약한 공동체였으며, 각색은커녕 체험한 예수를 다 전하기에도 버거웠고, 또 목숨을 걸어야 했다. 그들에게 예수는 한낱 스승이나 '마이스터'가 아닌 '그리스도'였으며, 그 그리스도는 '재림'과 '최후의 심판'의 주인으로 믿어졌다. 그들은 굳이 새로운 신을 창조할 필요가 없었다. 왜냐하면 이미 그 '신'이 그들 속에서 움직이고 있었기 때문이다.

32
예수,
자유정신의 형상

예수를 따랐던 이들은 어떤 의미에서든 광신자가 아니었기에, 나는 광신자를 구세주의 전형으로 보는 것을 반대한다. "복음"이란 더 이상 아무런 모순이 없다는 것을 뜻한다. 예를 들어 예수가 어린아이가 아니면 하늘나라에 들어갈 수 없다고 말했을 때, 여기서 말하는 '어린아이' 신앙은 싸워서 획득되는 것이 아니라 처음부터 거기에 있는 신앙이다.

그 신앙은 정신적으로 유치한 상태로 되돌아간 어린아이 됨에 있다는 것이 아니라, 모든 욕망으로부터 자유롭게 된 순수한 존재에 있다는 것을 말한다. 그러니 생리학자들이 말하는 유기체적 퇴행으로 어린아이 됨이나 현상으로 이해해서는 안 된다. 이 어린아이 신앙은 화내거나 비난하거나 방어하거나 혹은 "칼"로 공격할 필요가 없다. 왜냐하면 이 신앙은 모든 두려움을 이기기 때문이다.

신앙을 기적이나 보상 또는 약속이나 나아가 '성경'의 근거 여부에 따라 입증받으려 해서는 안 된다. 그 신앙 자체가 매 순간 하나의 기적이요, 보상이요, 증거다. 그 신앙의 핵심이 "하나님 나라"다. 이러한 신앙은 스스로 형식화하지 않는다. 그것은 살아 있는 것이므로 형식화하는 것에 저항한다. 물론 환경과 언어와 전제가 개념의 특정한 범주를 결정하기는 한다. 즉 초기 기독교가 오로지 유대 종족―셈족 개념을 사용한 것과 같다. 성찬식에서 먹고 마시는 것이 그런 개념에 속하며, 교회에서 유대적인 개념을 사용한 것은 어쩌면 다양하고 자연스러운 것이다.

만약 그 신앙이 인도인들의 세계였다면 상키아Sankyam 학파의 개념을, 중국인들 사이에서라면 노자老子의 개념을 사용했을 것이다. 그러나 이러한 개념 속에서 우리는 하나의 기호어나, 기호론, 비유 그 너머를 보아야 한다. 어떤 말도 전하고자 하는 뜻을 다 내포할 수 없기 때문이다. 더욱이 하나님의 뜻을 전달하기에 충분한 개념은 없다.

니체의 말처럼, 예수는 '자유정신'이다. 그는 어떤 것을 고정하지 않았다. 그는 문자$_{文字}$를 죽이고, 자신이 '말씀'$_{Logos}$이 되어서 죽은 것을 살려냈다. 그가 알고 있던 '삶의 경험'이란 개념은 온갖 종류의 말과 형식주의, 율법, 교리를—해체가 아니라—극복하는 것이었다. 그는 가장 내면적인 것에 대해서도 말한다. "삶", "진리" 혹은 "빛" 등, 이런 것은 가장 내면적인 표현이면서도 동시에 지극히 현실적인 차원에서 드러난다. 이 외에도 모든 현실성, 모든 자연, 언어 자체도 그에게는 실재로서 가치를 지니고 있었다.

이 부분에 있어서 '기독교적인 것'에 대한 편견이 아무리 크더라도, 잘못 평가해서는 안 된다. 예수와 같은 '하나님 나라 현실주의자'에게는 모든 종교, 예배의 개념, 역사, 모든 자연과학, 모든 세계 경험, 모든 지식, 모든 심리학, 모든 서적, 모든 예술이 영성 안에 존재한다. 그의 지식은 바로 이러한 것이 존재할 뿐 아니라 그 안에 하나님 나라가 존재한다는 순수한 깨달음의 표현이다.

예수는 당시 그리스 문화에 대해서 잘 알고 있었다. 그러나 문화에 맞서 투쟁할 필요가 없었다. 그는 문화를 부정하지 않는다. 국가, 모든 시민적 질서, 사회, 노동, 전쟁의 경우도 마찬가지다. 그는 현실을 부정하지 않으면서도 '하나님 나라'의 도래를 믿었고, '세속'을 부정하지 않으면서 '세상'을 사랑하셨다. 그에게는 성숙한 대화법이 존재했으며, 하나님 나라는 하나됨의 신앙, 하나의 진리에 근거에 의해 증명될 수 있다는 믿음을 가지고 있었다.

예수의 증명은 존재의 안과 밖의 빛과 기쁨, 자기 긍정과 행복을 통해 드러나는 사랑의 증거였다. 이러한 가르침에 대해서 이의를 제기할 수 없다. 그는 또 다른 가르침이 있을 수 있고, 또 있다는 것을 이해하지만, 잘못된 가르침을 따를 수 없다는 것을 분명하게 했다. '가이샤르 것은 가이샤르에게, 하나님의 것은 하나님에게 바쳐야 한다'. 그러나 반대에 부딪혔을 때, 예수는 자신이 받는 가르침을 맹목적으로 주장하기보다는 진리를 새롭게 드러내는 방식을 취했다. 그는 자신이 빛이었기에 어둠에 눈 감을 필요가 없었다.

33

죄도, 벌도,
보상도 없는 복음

　복음서의 심리에는 죄와 벌이라는 개념은 약하다. 마찬가지로 보상이라는 개념도 많지 않다. 그 대신 '죄악'이라는 것, 하나님과 인간의 사이를 멀어지게 하는 모든 '거리—관계' Distanz-Verheltniss가 없어졌다는 것,—바로 이것이 그 "기쁜 소식"이다. 이것이 바로 니체의 복음 통찰이다.

　축복은 어떤 조건과 결부되어 약속된 것이 아니다. 그것은 복음이 가져다주는 유일한 실재이다. 나머지는 현실에 대해 말하기 위한 하나의 기호일 뿐이다.

이 상태의 결과가 새로운 실천, 즉 고유한 복음적 실천에 투영된다. 기독교인들을 다른 사람들과 구분 짓는 것은 "신앙"이 아니다. 기독교인은 행동하며, 그 행동이 다르므로 다른 이들과 구별된다.

기독교인은 자신에게 악을 행하는 자에게 말이나 마음에 있어서나 저항하지 않는다는 것, 이방인과 본국인, 유대인과 비유대인(이웃이란 본래 신앙의 동지, 유대인을 말한다.)을 차별하지 않는다는 것, 누구에게도 화내지 않고 아무도 멸시하지 않는다는 것, 법정에 나서지도 않고 나서기를 요구하지도 않는("맹세하지도 않는") 그 사실로, 어떤 상황에서, 심지어 아내의 부정이 입증된 경우에도, 아내와 이혼하지 않는다는 그 사실.—이 모든 것은 근본적으로 하나의 명제이며, 사랑 본능의 결과다.

역사적 예수의 삶이란 바로 이러한 실천의 총체다. 그의 죽음은 다른 것이 아니었다……. 그는 어떤 형식도 가지고 있지 않았으며, 하나님을 예배하는 데 더는 필요한 제의도 없었다. 기도조차도 단순했다. 그는 모든 유대적인 회개와 화해의 가르침과 관계를 끊었다. 그는 오직 삶의 실천만이 '신적이고',

'복되고', '복음적이고' 모든 시대에 하나님의 자녀로 느끼게 한다는 것을 알고 있었다.

'회개'도 '용서를 비는 기도'도 하나님께 나아가는 과정이지만 궁극적으로 그를 만나는 길은 아니다. 오직 복음적인 실천만이 하나님께로 인도하며, 그 실천이 "하나님"이다. 복음과 더불어 새롭게 해석된 것은 유대적 개념의 '죄', '죄의 사함', '신앙', '신앙에 의한 구원'이다. 유대교의 모든 가르침은 '기쁜 소식' 안에서 비로소 완성되었다.

일반적인 어떤 방식으로는 "하나님 나라"를 느낄 수 없기에 우리가 "하나님 나라" 안에 있음을 느끼고, 또 스스로 "영원한 존재"라는 것을 깨닫기 위해서 어떻게 살아야 하는가에 대한 깊은 깨달음과 실체 체험이 요청된다. 이것만이 구원의 영적인 실재이다. 그것은 하나의 신앙 운동이며 동시에 새로운 실천 운동이다.

34
시간 속의 영원,
땅 위의 하나님 나라

이 위대한 하나님의 아들에 대해서 우리가 깨닫는 것은 '그'는 하늘과 땅, 하나님과 인간, 초월과 내재, 세속과 성_聖 등의 이분법적 사고를 통전시켜 하나의 현실로, 실재Realitaet로 받아 드렸다는 사실이다. 그는 자연적인 것, 시간적인 것, 공간인 것, 역사적인 것을 단지 비유나 기호의 계기가 아니라 진리 구현의 현장_{現場}으로 이해했다. 그 자신이 말한 "사람의 아들"이라는 개념이 단적인 예다.

"사람의 아들"은 비역사적인, 추상적인 인물이 아니라, 개별적이고 구체적인 존재임과 동시에 영원성, 사실성을 담지

한 개념이다. 예수가 말한 하나님에 대한 최고의 의미로서 "하나님 나라", "하늘나라", "하나님의 자녀 됨"도 마찬가지이다. 인격적인 존재로 오시는 하나님, 도래하는 "하나님 나라", "하늘나라", 삼위일체의 제2 격으로 '하나님의 독생자"라는 실재는 예수가 말한 진리를 담은 기독교적인 가르침이다. 이것은 매우 조화로운 것이다. 이 가르침은 실천적인 신앙 속에 있는 거대한 산과 같은 것이다. 아, 그런데 어떤 신앙인가? 그것은 복음서의 신앙이다. 그 진리의 가르침은 실재를 드러내는 세계사적인 사건이다.

"아버지"와 "아들"의 관계가 보여주는 뜻은 분명하다. "아들"이라 말은 모든 일(축복)의 총체적 변화로의 진입을 드러낸다. "아버지"라는 단어는 이 변화 그 자체, 변화의 영원한 완성을 표현한다. 나는 이러한 관계 실재가 우리에게 주는 신앙의 유익을 생각하는 것만으로도 가슴이 벅차다.

초기 공동체는 "원죄 없는 처녀 잉태"라는 놀라운 깨달음을 통해 이 믿음을 굳건하게 했다. 이 거룩한 하나님의 임재를 암피리온Amphryon의 태생 이야기와 비교하며 평가절하하는 것은 신성모독 근처에도 못 가는 유치한 상상이다. 처녀 잉태이야기는 모든 인간 수태의 가치를 상승시켰다. 여자의 몸은 하나님의 아들을 받아 낼 정도로 고귀한 실재임을 드러냈기 때문이다.

예수가 말한 "하나님 나라"는 단지 마음의 상태만이 아니라 사람들의 '관계'와 '사건' 속에 임재하는 실체이며, 동시에 '죽음 이후'에도 직면하게 되는 하나님의 세계이다. 복음서는 인간의 자연적인 죽음이 갖는 뜻을 확장한다. 죽음은 하나의 다리이며, 넘어감이다. 왜냐하면 죽음은 전혀 다른 세계, 실재의 세계, 단순히 상징이나 기호가 아닌 새로운 실체 안으로의 진입이기 때문이다. "죽음의 시간"이 끝이 아니다.

"기쁜 소식"에 시각Stunde이나, 시간Zeit이 없는 것이 아니다. 오히려 시간의 질을 중요하게 믿는 것이다. 그렇다고 죽은 나사로가 살아난 사건에서 보듯이 육체적인 삶과 그 위기를 도외시하지 않는다.

"하나님의 나라"는 기다리는 사람들 속에 이미 와 있다. 어제도 있었고, 오늘도 있고, 내일에도, 천년 후에도 있을 것이다. 그것은 마음속에 임재하며 그것은 체험된다. 이런 믿음 있으면 "하나님 나라"는 어디에나 있고, 또 이 믿음 없으면 "하나님 나라"는 그 어디에도 없다.

35
십자가 위의 혁명

니체의 말대로 이 "기쁜 소식"을 전해 준 자 예수는 그가 가르친 대로 살아갔고, 가르친 그대로 죽었다. 그는 인간이 어떻게 살아가야 하는지를 보여주기 위해 죽었고, 그것이 결국 "인간이 구원에 이르는 길"임을 보여주었다.

예수가 인류에게 남긴 것은 사랑의 실천이다. 재판관과 추적자, 고발자, 온갖 중상모략과 조소 앞에서 그가 보여준 태도, 나아가 십자가에 달려 있으면서 보여준 실천, 사랑의 극치였다. 그는 자신의 권리를 주장하지 않는다. 그는 자신의 권리조차 변호하지 않으며, 최악을 피하려 한 걸음 나아가지 않는다. 그것으로 인해 오히려 세상 최고의 악이 드러났다. 그리고 자신에게 악을 행하는 자들 속에서, 그들을 위해 기도하고, 고통받고 사랑을 나눈다.

같이 십자가에 달린 강도에게 말한 예수의 말속에 복음의 핵심이 들어 있다. 강도가 "이 사람이야말로 진정 신적인 인간, 하나님의 아들"이라고 말하지 않았던가! 예수는 말한다: "네가 이것을 느낀다면 너는 낙원에 머물고 너 또한 하나님의 아들이다."

예수는 자신을 방어하지 말고, 화내지 말고, 비판하지 말라는 혁명적인 삶의 양식樣式을 가르쳤다. 그렇다고 악에 저항하지 말고, 불의에 눈감으라고 한 것이 아니다. 원수를 사랑하는 마음을 품고 그 사랑으로 죽임의 세계에 당당하게 맞서라고 했다.

36
예수 종교, 위대한 질문 부호

오직 해방된 자유로운 영들만이, 지난 이천 년 동안 오해한 것을 온전히 이해할 수 있는 기반을 갖추고 있다. 바로 본능과 열정으로 자라난 거룩한 진실함, 곧 '거짓'보다 진리를 사랑하며, 복음의 신성함을 증언하는 그 신실함 말이다.

그 시대 사람들은, 우리가 가진 사랑에 담긴 인내와 신중한 중립성, 그리고 그처럼 미묘하고 섬세한 신적 계시를 헤아릴 수 있게 해주는 경건한 훈련에 이르지 못했다. 각 시대는 자기 이익만을 탐한 것처럼 보였지만, 그런데도 복음은 그러한 시대마다 에클레시아의 모습으로 자신을 구현했다.

누군가가 만일 이 거대한 세계의 무대 뒤에서 인류를 품고, 다스리는 자비로운 하나님의 손길을 찾고자 한다면, 그는 바로 '예수의 종교로서 기독교'라는 '위대한 질문 부호' 안에서 그 실마리를 얻게 될 것이다.

인류가, 복음의 기원과 의미, 그리고 그 정당성 앞에 무릎을 꿇는다는 사실. 즉, '교회'라는 이름 아래, 복된 소식을 전하신 분께서 모든 만물과 인간 위에 계시며, 그를 따르는 것이 바로 거룩함의 길이라는 사실을 인정하고 있다는 사실을 깨닫게 될 것이다.

우리는 이보다 더 위대한 '세계사적 섭리의 아이러니', 즉 하나님의 은혜가 약한 자들을 통해 강하게 드러나는 역설을, 온 세상과 시대 속에서 경외심으로 바라보아야 할 것이다.

37

본래 기독교에 대한 변호

우리 시대는 스스로를 '역사에 밝은 시대'라고 자처하지만, 기독교의 시작을 받아들이는 데에는 여전히 눈이 멀어 있다. 그들은 복음의 기적과 구세주의 이야기를 단순한 우화처럼 취급하면서, 마치 그것이 후대의 발명품인 양 여긴다. 그러나 오히려 그 반대가 진실이다.

기독교의 시작, 곧 십자가 사건은 가장 깊은 영적 상징과 진리를 담고 있는 중심이다. 그러나 불행하게도 그 이후 수많은 사람들이 그 의미를 부분적으로밖에 이해하지 못한 채 점점 더 외면적이고 형식적인 방식으로 해석하기 시작했다.

기독교는 세계 전역으로 퍼져 나가며 각 지역의 문화와 접촉했다. 그 과정에서 다양한 표현 방식으로 변형되었다. 그것은 한편 타락이 아니라 확장과 소통의 흔적이며, 복음이 다양한 사람들에게 다가가기 위한 성육신적 전략이었다.

기독교는 인간의 연약함과 어두움마저 품어 안으셨던 하나님의 자비에서 비롯되었다. 교회는 그런 사람들을 위한 치유의 공간이 되어왔다. 때로는 교회가 세상의 가치관과 타협하며 약해졌던 적도 있었지만, 그 본질은 모든 진실함, 모든 영혼의 고귀함, 모든 영성의 훈련과 성숙을 지향하는 영적 공동체였다.

따라서 오늘 우리가 해야 할 일은 기독교 자체를 부정하거나 경멸하는 것이 아니라, 그 영원한 중심인 예수 그리스도의 정신으로 되돌아가, 처음의 복음, 처음의 헌신, 처음의 순결을 다시 붙잡는 일이다. 자유로운 정신은 비판만으로 존재하지 않는다. 참된 자유는 본질을 회복하는 데 있다. 그리고 기독교의 본질은 언제나 그리스도의 십자가와 부활, 그리고 인간에 대한 하나님의 깊은 사랑에 있다.

38

거짓 기독교,
허위에 물든 기독교

이 지점에서 나는 탄식을 억누를 수 없다. 가장 어두운 우울함보다 더 깊고 검은 감정이 나를 엄습해 오는 나날들이 있다. 그 우울함은 다름 아닌 거짓 기독교인들에 대한 분노 때문이다. 내가 무엇을 경멸하고, 누구를 향해 분노하고 있는지 어떤 오해도 없도록, 나는 이 대상을 분명하게 밝혀야 한다. 그들은 바로 오늘날 '기독교'라는 이름에 속해 있으나, 복음과는 거리가 먼 사람들이다. 나는 오늘의 '짝퉁 기독교인들'—그들의 불결한 숨결과 가식 앞에서 질식할 것만 같다.

오늘날 많은 신학자와 목사들은 과거 기독교의 잘못된 역사에 대해 관용을 베풀고, 도량이 크다는 이름으로 침묵한다. 그러나 나는 수천 년에 걸친 그 정신병원 같은 세계를, 예수의 이름을 뒤집어쓴 유사 기독교와 사이비 교회의 어두운 통로를 암울한 마음으로 통과해 갈 뿐이다. 그렇다고 나는 그런 기독교에 '정신병의 책임'을 쉽게 부과하려 하지 않는다. 그러나 오늘의 교회를 마주하는 순간, 내 감정은 폭발 직전에 도달한다. 우리 시대는 더 잘 알고 있다. 교회는 예전엔 병적인 것이었으나, 이제는 명백한 타락이 되었다. 요즘 일반인들조차도 "기독교인이 되는 것" 자체가 타락의 징표로 느껴질 정도이다.

여기서부터 나의 분노는 시작된다. 주위를 둘러보면, 과거에 "진리"라고 불리던 것들은 거의 사라졌고, 이제 우리는 어떤 목사가 "진리"라는 단어를 입에 올리는 것조차 참기 어려운 현실에 이르렀다. 예수의 말은 사라지고, 대신 그들은 자기 말을 예수의 입에 억지로 밀어 넣는다. 그들의 거짓말은 '성스러운 언어'로 포장되며, 실제로 거짓임에도 불구하고 신자들은 서슴없이 "아멘"을 외친다. 교회에 들어서는 순간, 그들의 뇌는 작동을 멈춘 듯하다. 그런 이들을 '순수하다'거나 '무지하다'라고 말하는 사람도 있겠지만, 누가 그것을 쉽게 기꺼이 지나치겠는가?

일반 사람들도 이미 알아챘다. 목사나 신학자들이 "하나님", "죄인", "그리스도"라는 단어를 입에 올리지만, 실제로는 그 말들을 그들 자신조차도 믿지 않는다는 사실을. "예수 천당 불신 지옥"이라는 말도, 그들 스스로가 거짓말임을 알면서 반복하는 것뿐이다. 진짜 예수 신앙을 가진 이들은 이런 거짓과 무지를 모른 척하지 않는다. 현재 세속화된 교회는 더 이상 예수 공동체인 에클레시아가 아니며, 오히려 그 정신을 무가치하게 만들기 위해 악의적으로 조작된 허위들을 생산하고 유포하는 체계가 되어버렸다.

이제 우리는 깨닫게 되었다. 그런 교회, 그런 목사들이야말로 오늘날 기독교에 가장 위험한 기생충이며, 진정한 독거미다. 오늘의 신앙 양심은 알고 있다. 그들이 교회와 목회라는 이름으로 만들어 낸 섬뜩한 것들이 어떤 목적을 가졌는지, 그것이 어떤 가치를 파괴해 왔는지를. 그것들은 심지어 세속의 사람들조차도 그 모습을 보기만 해도 혐오를 느낄 정도로 기독교인을 자기 모욕의 상태에 빠뜨려 왔다.

"대형교회", "성공", "돈", "헌금", "기복주의"—이 모든 것들이 목사를 지배자로 만들고 유지하는 체계적이고 교묘한 수단으로 작동하고 있다. 누구나 이 사실을 알고 있지만, 거의 아무것도 바뀌지 않았다. 심지어 철저히 반예수적인 삶을 사는 정치인들조차 기독교인이라 자처하며 성찬식에 나가는 모습을 우리는 목격한다. 더 이상 무슨 말을 할 수 있을까.

예수 신앙이 지닌 품위와 자존의 마지막 보루는 어디로 사라진 것인가? 그 연대의 선두에 서 있는 목사들이, 자신의 자기만족과 탐욕을 멋지게 위장하며, 부끄러움 하나 없이 기독교인이라 고백하는 모습을 바라보며, 나는 묻지 않을 수 없다. 예수는 자기를 부인하고 십자가를 지고 따르라 하셨다. 그렇다면 오늘의 기독교인, 오늘의 교회는 도대체 무엇을 부인하고 있는가? 기독교는 지금 무엇을 '세속'이라 부르고 있는가?

권력으로 남을 지배하고, 부유함으로 가난한 자를 무시하고, 욕망을 채우기 위해 혈안이 되어 있는 이 모든 행위와 판단, 물신주의적 본능은 본질적으로 예수의 삶과 가르침에 반하는 것들이다. 그런데도 여전히 많은 이들이 자신을 "기독교인"이라 부르기를 부끄러워하지 않는다. 그렇다면 이제 기독교는 얼마나 허위에 물든 괴물이 되어버린 것인가!

39
기독교는
예수의 종교인가?

이제 다시 본론으로 돌아가, 나는 기독교의 진짜 이야기를 들려주려 한다. "기독교Christenthum"라는 말 자체가 불완전 단어이다. 예수는 결코 종교를 원하지 않았다. 그의 이름을 활용해 종교의 이름을 붙였다는 사실이 그가 곧 기독교인을 증명하는 것은 아니다. 그는 기독교가 생기기 훨씬 전에 십자가에서 죽었다. 그가 죽은 십자가 위에서 복음Evangelium은 되살아났다. 그 순간부터 '복음'이라 불린 모든 것은 이미 그가 살았던 삶을 증거하기 시작했다. 그것은 말 그대로 모두에게 '기쁜 소식'이 아니다. 예수를 거부한 이들에게는 '나쁜 소식', 화음禍音, Dysangelium이었다.

그리스도인의 징표를 어떤 믿음, 예컨대 그리스도를 통한 구원에 대한 믿음에서 찾는 것은 터무니없는 잘못이다. 진정한 기독교는 단지 실천, 즉 십자가 위에서 죽은 자가 살았던 방식으로 살아가는 삶에서만 나타난다. 오늘날에도 그러한 삶은 가능하다. 어떤 이들에게는 필연적이기까지 하다. 참되고 원초적인 기독교는 언제나 가능할 것이다.

기독교는 믿음이 아니라 실천이다. 어떤 행위를 하지 않는 것, 혹은 전혀 다른 존재 방식으로 행동하는 것, 이것이 기독교다. 의식 상태, 어떤 신념, 진리로 여기는 것 등은 행함의 가치에 비하면 완전히 부차적인 등급이다.

기독교적인 것이나 기독성, 그 자체로 '진리라고 여기는 것'Für-wahr-halten, 혹은 그것을 의식 현상으로 축소하는 것은 기독교를 부정하는 것이다. 사실, '기독교인'과 '그리스도인'은 명백히 구분해야 한다. 진정한 뜻에서 '그리스도인'은 예수, 한 사람밖에 없다. 나머지 '그리스도인'이라고 불리는 자들은 단지 하나의 심리적 자기 위안일 뿐이다.

지난 2천 년 동안 '기독교'라는 종교 안에는 셀 수없이 많은 이들이 기독교인으로 존재해 왔다. 그러나 그 수에 비해 참으로 예수의 영성을 지닌 그리스도인, 곧 기독성christness을 살아낸 사람들은 매우 드물었다. '기독교인'이라 불린 이들은 단지 한 종교의 이름 아래 묶여 있었을 뿐이다. 그 이유를 좀 더 깊이 살펴보면, 그들이 아무리 신앙을 말했어도 실상은 본능과 세속의 가치들에 의해 지배받아 왔기 때문이다. 신앙은 그저 외투였고, 명분이었으며, 무엇보다도 그들이 추구하는 왜곡된 욕망을 가리기 위한 장막이었다. 그들에게 신앙은 본능이 지배하는 삶을 덮어두는 영리한 눈가림일 뿐이었다.

이런 알맹이 없는 신앙, 실천 없는 신앙을 나는 '기독교의 교활함'이라 부른다. 사람들은 입으로는 믿음을 말하면서 실제로는 언제나 욕망대로 살아간다. 그러나 아이러니하게도 그러한 기독교의 표상에서조차 현실과 맞닿은 부분은 극히 일부에 지나지 않는다. 그것도 기독교에 도움이 된다고 여겨지는 정치적, 선교적 판단에 따라 달라졌을 뿐이다. 반대로, 하나님이 사랑하시는 이 세상에 대해 거짓 기독교는 본능적 증오를 가르쳐왔고, 그것이 바로 그들의 신앙을 움직이는 내밀한 동력이었다.

이러한 왜곡은 오랜 시간 지속되었고, 마침내 심리적으로도 오류가 정착되기에 이르렀다. 오류는 점점 본질을 대체하게 되었고, 결국 그 오류가 신앙의 실체처럼 여겨지게 되었다.

내가 『왜 기독교인은 예수를 믿지 않을까?』에서 지적했듯, 짝퉁이 진품이 되고, 진품이 짝퉁으로 여겨지는 현상이 벌어지고 있다. 진품의 자리를 짝퉁으로 대체하면, 얼마 지나지 않아 사람들은 그것을 현실로 믿게 된다. 그렇게 기독교는 더 이상 예수의 종교가 아닌, 예수와 아무 관련 없는 종교, 그저 그의 이름을 허수아비처럼 붙여 놓은 종교가 되어버린다.

이러한 기독교는 사실상 예수와는 가장 이질적인 종교이며, 그 기반은 오류 위에 세워져 있다. 그것은 인간의 삶과 마음에 독을 퍼뜨리는 해악의 종교이며, 미신처럼 굴러가고 있는 허위 체계다. 이러한 '짝퉁 기독교'는 높은 곳에서 세상을 굽어보시는 하나님께조차 골칫거리일 것이다.

그런데도 지금 나는 이런 기독교인들을 섣불리 비난하는 것이 아니다. 오히려 찢어지는 가슴, 애정으로 비판한다. 왜냐하면 하나님은 여전히 그들을 불쌍히 여기신다는 사실을 알기 때문이다. '지구'라 불리는 이 가엾은 작은 별은 어쩌면 이 기이한 사건, 기독교 하나 때문에라도 하나님의 눈길과 연민을 받을 자격이 있을지도 모른다. 그러니 모든 기독교인을 도매금으로 무시하거나 과소평가하지 마라. 그들 중에는 최소한 의인 열 명은 남아 있으리라.

40

복음의 갈림길과
니체의 오해

복음의 운명은 예수의 죽음으로 인해 갈림길에 섰다. 복음조차 십자가에 함께 매달린 것이다. 제자들에게 그 죽음은 한편으로는 예상된 일이었지만, 동시에 치욕스럽고 절망스러운 사건이었다. 십자가는 대개 로마에 반역한 하층민을 처형하기 위한 형틀이었고, 바로 그런 십자가에서의 죽음이 사람들에게 질문하게 했다. "그 사람은 누구였는가?", "그 사건은 도대체 무엇이었는가?"라는 근본적인 수수께끼와 맞닥뜨리게 한 것이다. 두렵고 혼란스러운 감정 속에서, 그동안 품어온 신념들이 무너지고 모욕당한 느낌, 그러한 죽음이 지난 모든 여정을 헛된 것으로 만들지도 모른다는 의심, "왜 하필 이런 일이 일어났을까?"라는 꺼림칙한 의문이 밀려들었음은 당연한 일이다.

이러한 제자들의 혼란은 충분히 이해할 수 있다. 그들은 우연을 인정하지 않기에, 모든 일에는 필연성과 의미가 있어야 했다. 그러나 그들이 이 의문을 오래 품고 있을 필요는 없었다. 예수의 죽음이 한낱 죽음으로 끝나지 않았기 때문이다.

니체는 이 지점에서 결정적인 오해를 저지른다. 내가 '결정적'이라고 말하는 이유는, 바로 이 잘못된 신학적 상상력이 그의 기독교 비판 전반에 퍼져 있기 때문이다. 안타까운 일이다. 이 또한 당시 잘못된 기독교의 영향 때문이다. 물론 그는 가짜 기독교가 만들어 놓은 썩은 유산을 정확히 꿰뚫고 있었고, '가치의 전도'라는 개념으로 그에 대한 철저한 비판을 시도했다.

니체는 말한다. 예수의 제자들이 "누가 그를 죽였는가?", "누가 그의 원수인가?"라고 질문하기 시작했고, 그들이 유대교의 상층 사제 계급을 지목했으며, 그로 인해 기독교는 자신들을 지배 질서에 반대하는 집단으로 정체화했다고 본다. 그리고 결국 기독교는 '노예의 도덕', 즉 강자에 대한 약자의 분노를 기초로 한 찬다라 종교로 전락했다고 주장한다. 실제로 기독교 내부에는 그런 시각을 갖기에, 충분한 노예 문화가 있다. 이것은 비판받아야 마땅하다. 그러나 이것이 예수 공동체 초기부터 발생한 근원적인 문제로 취급해서는 안 된다.

실제로 제자들은 누구의 탓인가를 묻지 않았다. 이미 알고 있는 것에 대해서는 질문할 필요가 없었기 때문이다. 그들의 유일한 질문은 이것이었다. "왜 예수가 죽어야만 했는가?" '그리스도'라 믿었던 자, 메시아라 고백했던 이가 왜 그렇게 무력하게 죽음을 맞이했는가에 대한 의문이었다.

그 의문은 두려움 앞에 무력했다. 그들은 예수가 미리 말해둔 것조차 떠올릴 수 없을 만큼 주눅이 들었고, 숨어 버렸다. 그러나 부활을 경험한 후, 그들의 삶은 180도 바뀌었다. 그들은 이제 십자가에 달려 죽어가면서조차 복음을 증언했다. 원한과 복수심을 넘어선 자유, 그들은 그것을 보여주었다. 이는 예수의 말과 삶을 단순히 이해한 것이 아니라, 마침내 온몸으로 깨달았음을 증명하는 것이었다.

예수는 자기 죽음과 부활을 통해 자기 가르침의 궁극적 시험을 통과했고, 그것이 끝이 아님을 세상에 드러냈다. 제자들은 이러한 죽음을 받아들였으며, 유대인을 적대하거나 정죄하지 않았다. 오히려 그들을 용서함으로써 복음을 살아냈다. 그들 또한 온유한 마음으로, 예수와 닮은 죽음을 자청할 수 있었던 것도 그 용서와 은혜에 대한 응답이었다. 그들에게는 복수심이 없었다. 그들은 진실로 용서와 은혜를 경험했고, 그것을 실천한 사람들이었다.

따라서 우리는 하나님의 심판을 오해하지 않아야 한다. 심판은 단지 죄와 형벌의 문제로 축소될 수 없다. 그것은 억눌리고 고통당하는 자들에게 주어진 정의의 약속이며, 하나님의 나라가 도래한다는 희망과 모순되지 않는다. 핍박과 죽음의 상황 속에서도, 언젠가 상황이 뒤집히고 하나님의 정의가 드러나는 시간, 그것이 바로 심판이다.

복음은 그 심판을 단지 미래의 일로 미루지 않았다. 초기 그리스도인들은 하나님 나라가 이미 시작되었으며, 현재적이고 실현된 현실이라는 사실을 결코 잊지 않았다. 그들에게 예수는 사랑과 은혜의 화신이었다. 모든 사람이 하나님의 자녀라는 그의 가르침은 그들 안에서 더욱 굳건해졌다. 그래서 그들은 예수와 하나 되는 것을 신앙의 궁극적 가치로 여겼고, 하나님 안에 예수가 있고, 예수 안에 자기들이 거하는 상태를 영성의 최고 경지로 기록했다.

'유일하신 하나님'과 '그분의 유일한 아들'이라는 신앙고백은 단순히 배타적 교리의 산물이 아니었다. 그것은 계시와 실천, 사랑과 용서의 삶에서 깊이 길어 올린 신앙의 열매였다.

41
복음은 보상이 아니다

제자들은 이제 "하나님이 어떻게 그런 죽음을 허락할 수 있었는가!"라는 질문에 반드시 답해야만 했다. 그것은 너무도 부조리해 보였기 때문이다. 그들은 무너졌고, 침묵했고, 두려움에 사로잡혀 흩어졌다. 하지만 혼란에 빠진 작은 공동체였음에도 불구하고 놀랍도록 본질적인 깨달음에 도달했다. 하나님이 인간의 죄를 용서해 주기 위해 자기 아들을 희생물로 삼았다는 깨달음이었다. 실로 그들은 그 한순간에, 마침내 복음이 시작을 알리는 전주前奏를 이해한 것이다.

죄의 희생물이라니! 그것도 가장 잔인하고 야만적인 사형

틀인 십자가에서! 하나님이 죄지은 자들의 죄 때문에 죄 없는 자를 희생하다니! 이것이야말로 얼마나 '소름 돋는' 은혜인가! 사실 예수는 살아 있을 때 '죄'에 대해 자주 말하지 않았다. 그것은 세상에 죄가 없어서가 아니라, 오히려 굳이 말하지 않아도 될 정도로 죄가 넘쳐났기 때문이다. 예수는 하나님과 인간 사이에 죄로 인해 세워진 벽을 허무는 데 집중했다. 그는 하나님과 인간의 간격을 좁히고, 서로 하나가 됨에 이르는 것을 '복음'의 목표로 삼고 살았다.

그러므로 죄에 대해 과도하게 언급하거나, 죄책감을 조장하는 태도는 복음을 가장한 가장 비복음적인 태도다. 왜냐하면 그것은 복음이 가진 유일한 총체적 실재, 곧 '축복'이라는 개념을 훼손하고 파괴할 위험이 있기 때문이다. 기독교가 진정 복음 위에 서 있다면, 축복은 그 구조의 중심이어야 하고, 정죄는 그 구조 밖에 있어야 한다.

많은 기독교인이 잘못된 기복사상에 빠지는 이유는 단순하다. 그들은 복음 그 자체가 가져다주는 실제 복, 다시 말해 이미 주어진 은혜와 자유, 기쁨과 평화를 제대로 누리지 못하고 있기 때문이다. 그래서 그들은 더 많은 것을 '얻기 위해' 믿고, 더 큰 것을 '받기 위해' 헌신하며, 복음을 삶의 현실이 아니라 거래의 대상으로 오해한다.

예수에 대한 믿음을 명확하게 요약한 바울의 고백은 옳고 정당하다. "만약 그리스도께서 죽은 가운데서 부활하지 않으셨다면, 우리의 믿음은 헛된 것이다." 이 말은 참이며, 반드시 기억해야 한다. 그러나 주의할 점이 있다. 이 고백이 생명을 갖는 것은 예수가 생전에 선포한 복음의 실재, 즉 구원과 행복을 누리는데 이바지할 때만 그렇다. 고백 그 자체가 생명력 있는 것이 아니다.

부활이 복음을 확증한 것이지, 우리의 믿음 여하에 따라 복음이 좌지우지되는 것이 아니다. 복음은 실현 불가능한 교리가 아니며, 인간의 판단에 따라 무게가 달라지는 관념도 아니다. 복음은 보상이 아니라 선물이다.

42

바울, 예수를 계승한 자인가 배신한 자인가

우리는 구원이 예수의 십자가 죽음과 함께 비로소 시작된 그 무엇임을 안다. 그것은 단순한 약속이 아니라, 이 땅에서 참된 행복의 실현이 시작되었다는 뜻이다. 예수는 약속한 대로 변화를 일으켰고, '기쁜 소식'은 단지 미래에 대한 선언이 아니라 현실 속에서 육화되었다. 복음은 몸이 되었고, 몸은 말씀을 살았다.

니체는 이 복음을 바울이 왜곡했다고 믿는다. 그는 주저하지 않고 주장한다. 바울은 "그리스도를 자신의 십자가에 못 박아 어렸다. 그리스도의 삶과 모범, 가르침과 죽음, 복음 전체의 의미와 권리를 못 박아 버렸다." 과연 그럴까?

바울은 증오심에 사로잡힌 위조자가 아니었다. 그는 예수의 기쁜 소식을 전하는 자였으며, 증오의 논리나 종말론적 환상이 아니라 사랑의 언어를 사용했다. 예수를 그리스도로 받아들이기까지 그는 예수 사람들에 대한 깊은 적개심에 휩싸여 있었고, 그 증오를 하나님에 대한 충성심으로 오해하고 있었다. 그의 증오는 스데반의 죽음까지 관망하게 했고, 그로 인해 그는 잔인성의 극단까지 내몰렸었다. 그러나 결국 그는 점차 사랑과 희생의 사도로 변해갔다.

바울이 역사적 예수를 육체로 만나지 못한 것은 사실이다. 그러나 누구보다 예수의 삶과 모범, 가르침과 죽음, 부활이라는 복음 전체의 의미와 힘의 핵심을 통찰하고 있었다. 그리스도의 사랑에 사로잡힌 바울은 창조적인 인간이었고, 복음을 위해 자신의 모든 것을 버렸다. 그는 복음이 갖는 현실성과 역사적 진리를 드러내는 데 자신의 전 생애를 바쳤다. 그는 3년 동안 광야에 머물며, 자신이 미처 깨닫지 못했던 예수 공동체의 어제와 오늘, 그리고 미래를 묵상했다. 그 시간 동안 그는 유대 민족의 하나님을 새롭게 체험했고, 이스라엘의 역사를 예수 그리스도를 위한 예정된 역사로 이해하게 되었다. 그는 모든 선지자가 구세주 예수에 대해 이미 말하고 있었다고 확신했다. 이 신학적 역사관은 초기 기독교의 역사 해석의 기초로 자리 잡게 되었다.

바울은 그리스도의 모습, 가르침, 실천, 죽음, 죽음의 의미, 부활의 뜻까지도 현실과 조금이라도 연관된다면 설교하는 데 주저하지 않았다. 물론 그에게는 약점이 있었다. 그는 예수를 몸소 만나 함께 먹고 마시며 살아보지 못했고, 그의 음성을 직접 들은 적도 없었다. 그래서 어떤 이들은 바울이 예수 현존재 전체의 중심을 '부활한 예수'라는 피안의 거짓에 옮겨 놓았다고 비판한다. 그러나 오히려 바울은, 육체로 예수를 만났던 다른 사도들보다도 더 강하게 역사적 예수가 그리스도로서 현존하고 있음을 선포했다.

그가 다메섹 도상에서 만난 예수 그리스도는 환영이 아니었다. 그것은 현실 속에서 또 하나의 예수 부활 사건이었다. 그의 체험은 회심을 위한 하나님의 은총이었다. 그날 이후, 그가 전하고자 한 것은 단지 부활한 예수가 아니라, 십자가 위에서 죽은 역사적 예수와 이어지는 '살아계신 그리스도'

였다. 바울의 선교적 삶을 통해 교회 공동체는 서로 신앙으로 이어지게 되었다.

니체처럼 바울이 예수 신앙을 오독誤讀하거나 왜곡歪曲, 혹은 무시無視했다고 단정하기에 앞서, 로마제국이 기독교를 공식 종교로 공인한 이후 기독교가 보여준 권력 지향적 행태를 먼저 비판해야 한다. 그 시대 기독교가 강하게 갈망했던 것은 진리가 아니라 권력이었다. 사제들도 권력을 탐했고, 군중을 통제할 개념과 교리, 상징들을 체계화했다. 군중을 '가축 떼처럼' 몰아가는 방식, 교리를 이용한 통제, 성직자의 독재 체계는 이후 교회의 본질을 왜곡시키는 도구가 되었다.

니체는 마호메트가 기독교에서 유일하게 빌려 간 것은 사제의 독재 구조, 사람을 떼로 몰아가는 수단, 수치심과 불명예에 대한 강박, 그리고 "심판"의 교리라고 말한다. 우리는 그의 이 지적에 귀를 기울일 필요가 있다. 그러나 그 비판은 바울 이전의 복음이나 바울 그 자신이 아니라, 이후 권력화된 제도교회를 겨냥한 것이어야 마땅하다.

43

영원불멸의 역설과
삶의 복권

삶의 중심을 삶 속에 두지 않고 '내세'—곧 무無—에 두는 순간, 우리는 삶 자체로부터 중심을 도려내는 우를 범하게 된다. 기독교가 전통적으로 강조해 온 '영혼불멸' 사상은, 그 자체로는 신앙의 고백일 수 있으나, 그것을 잘못 믿는다면 모든 이성과 본능의 자연스러움을 파괴하게 된다. 본능 속에 깃든 생명을 증진시키는 에너지, 미래를 보증해 주는 건설적 충동, 유익한 본능—그 모든 것을 의심하게 되며, 마침내 현실에서의 삶이 의미 없다는 식으로 살아가게 된다. 그렇게 '삶의 뜻'은 삶 바깥에 있는 것으로 치부되고, 삶 자체는 유예되고, 기피되고, 무시된다.

그런 신앙인들에게 묻는다. 무엇 때문에 공공적인 정신에 기여하겠는가? 무엇 때문에 신앙 혈통과 믿음의 조상에게 감사하겠는가? 무엇 때문에 이 사회에서 협동하고, 신뢰하고, 전체의 복지를 증대시키는 데 관심을 두겠는가? 그들은 이 모든 것을 "세상의 유혹"이라 부르고, "올바른 길"에서 벗어나는 탈선이라 규정한다. 그러나 "불멸하는 영혼"에 대한 건강한 신앙은 정반대를 가리킨다. 참된 불멸 신앙은 영혼에 더 깊이 민감하게 만들고, 동시에 현실의 삶에 더욱 충실하게 만든다. 왜냐하면 이 세상의 삶은 저세상의 삶을 미리 살아내는 신비이며, 현재의 존재는 영원의 한 조각이기 때문이다.

우리는 "불멸의 영혼"이라는 신앙고백 안에서 서로가 동등한 존재임을 확인한다. 전체 속에서 각자의 '구원' 또한 중요하다고 믿는다. 그러나 이 '불멸의 영혼'이라는 고귀한 사상이, 다수의 보잘것없는 위선자들과 광신자들의 손에 의해 오용될 때, 자연법칙조차 무시될 수 있다는 착각이 생긴다. 그 착각은 결국 또 다른 이기주의자의 끝 모를 몰염치로 이어진다. 그러한 태도는 사람들의 눈살을 찌푸리게 하고, 신앙의 존엄을 모욕한다. 그런데도 변질된 기독교는 바로 이런 방식으로 승리를 거두고 있다. 인간의 허영심에 아첨하고, 온갖 약한 자들, 가난한 자들, 제대로 대우받지 못한 사람들의 상처를 영혼 도피의 신앙으로 탈바꿈시켰다. 현실을 도외시한 채, 탈세속의 열망에만 집중하게 했다.

기독교는 '영혼의 구원', '만인을 향한 평등한 권리'라는 교리를 교묘히 오용했다. 그런 기독교는 인간과 인간 사이에 존재하는 존경과 거리감―곧 모든 문화의 상승과 영혼의 성장에 필요한 전제조건을 파괴하며, 저열한 본능의 가장 어두운 심연과 결탁해 왔다. 그리고 그것은 고결하고 즐겁고 아름다운 모든 것을 해체하는 방식으로 복음을 오해하게 했다. 이른바 '예수의 팔복'―지상에서 누릴 수 있는 생명의 기쁨과 복됨에 대해 무감각하게 만든 것이다. 결국 '영혼불멸'이라는 개념의 악용은 고결한 인간성을 말살시키는 가장 교묘하고 치명적인 종교적 시도였다.

오늘날 우리는 종교적 특권과 지배력을 주장하는 이들, 자기 욕망을 경건으로 포장하는 이들을 교회와 세상의 곳곳에서 본다. 그러나 동시에 그런 이들과 같은 부류의 사람들에게 거리감―저항의 감정, 곧 '거리의 파토스 Pathos der Distanz'를 품을 용기를 지닌 사람은 드물다. 정치 영역에서뿐 아니라 교회 내부에서도 이러한 용기의 결여는 신앙을 병들게 하고 있다.

그렇기에 다시 강조한다. 모든 인간이 하나님께 사랑받는 고귀한 존재라는 사실이 기독교 인간관의 뼈대다. 영혼의 평등이라는 복음의 가치 아래에서 모든 엘리트주의는 땅속에 묻혀야 하며, 다수의 특권에 맞선 믿음의 혁명은 중단되어서는 안 된다. 그것이 바로 예수가 보여준 복음의 길이다.

기독교는 예수의 사랑 혁명이며, 평화 혁명이다! 기독교는 사랑을 기반으로 하는 개벽의 종교다.

기독교는 세상의 그 어떤 차별에도 맞서기 위해 태어난, 낮은 자들의 혁명이었다. 그리고 바로 그 '낮은 자들을 위한 복음'이 사람을 귀하게 만든다.

44

복음과 가면
― 위조된 신앙에 대한 고발

　신약성경은 초기 예수 공동체의 특성과 정체성에 대한 증거로서 아주 귀중한 가치를 지니고 있다. 후에 가서 바울은 율법 학자로서의 자질을 유감없이 발휘해, 그리스도의 죽음과 부활로 시작된 교회의 성장 과정을 섬세하게 기록해 놓았다. 우리는 이 복음서들을 한 글자도 지나침 없이 주의 깊게, 아주 꼼꼼하게 읽어야 한다. 한 마디, 한 마디가 난제이며, 바로 그래서 복음서들은 영으로 읽을 때만 깨달음의 기쁨을 준다.

　신약성경은 단연 독보적이다. 성경은 그 어떤 책과도 비교할 수 없다. 그 기록을 접하면 '보이지 않는 손'이 느껴지지 않을 수 없고, 그 천재성은 예술의 최고 경지마저 엿보게 한다.

언뜻 보기에 '신성한 것'처럼 자기를 위장한 언행의 위조처럼 보일 수도 있으나, 깊이 들여다보면 진리의 세계가 열린다.

참 기독교는 신성한 진리의 다리이며, 유대교 전체가 수백 년에 걸쳐 쌓아 올린 예행연습과 상징의 기술이 최후 대가의 경지에 이른 결과물이다. 이러한 진리의 최종 전달자, 초기 기독교인은 분명 유대적이었다. 개념들, 상징들, 사제들의 태도, 가치 있는 것과 유용한 것에 대한 다른 실천적 분별은 단지 전통이 아니라 유산이었다. 그리고 이 유산은 자연스럽게 작용했고, 인류 전체를, 심지어 가장 뛰어난 두뇌의 소유자마저 감동을 줘왔다.

우리는 신약성경에 어떤 모순처럼 느껴지는 대목이 있더라도 타락하거나 변질되지 않은 순수한 책으로 읽는다. 그것이야말로 기독교와 교회의 변질을 막는 유일하고도 명백한 방책이다. 불행하게도 대다수 사람에게 신약성경은 그저 오래된 문헌일 뿐이다. 그런데도 이런 성경을 손에 들고도 가식과 위선의 기독교인이 된다면, 나는 단호하게 말한다. 그런 자들을 끝장내야 한다. 내가 그들을 끝장내겠다고 말하는 이유는 하나다. 나는 그들의 말이 아니라, 행동과 태도를 보기 전에는 아무것도 믿지 않기 때문이다.

나는 그들이 하나님을 향해 기도하는 것을 도저히 견딜 수 없다. 그들은 '판단하지 말라'고 말하면서 자신들에게 불편한 것, 반대하는 사람, 상반된 생각을 너무도 쉽게 지옥으로 보낸다. 그들은 하나님을 대신해 심판자가 되고, 하나님을 찬양한다면서 자기 자신을 찬미한다. 자신들이 실천할 수 없는 덕을 타인에게 요구함으로써 우위를 점하려 한다. 마치 그들이 '덕을 위해서', '진리와 하나님 나라를 위해서' 살고 죽는 듯한 행세를 한다. 그러나 실상 그들은 오직 자기 자신만을 위해 살고 있다.

그들은 아첨하고, 높은 자리에 앉으려 하고, 욕망을 감춘 채 야망을 발산하며, 그것을 자신들의 특권이라 여긴다. 그것을 감추기 위해 순종을 강요하고, 자신도 또한 순종하는 듯 위장하며, 신앙심을 증명하려 든다. 이 얼마나 끔찍한 기만인가! 순종, 순결, 동정심조차도 거짓으로 꾸며내며, "삶 자체가 우리의 증거가 되어야 한다"는 복음의 핵심을 정면으로 모욕한다.

신약성경은 결코 도덕을 수단으로 사람을 유혹하거나 시험하는 책이 아니다. 지금 진리는 보잘것없는 무리에 의해 억류당하고 있다. 인류는 거짓 기독교 탓에 가장 심하게 우롱당하고 있다. 선민의식의 오만이 '겸손'이라는 가면을 쓰고 극대화되는 형국이다. 이 사람들은 스스로를 선한 자, 의로운 자로 놓고, 남을 정죄하고 '악이다', '이단이다'라며 규정지어, 쉽게 편을 가른다. 그들은 마침내 자신들이 '최고 법정'이라고 여긴다. 그것이야말로 이 땅 위에서 존재한 가장 끔찍한 형태의 과대망상이다.

위선자, 거짓말쟁이들이 자신들을 이 '세계'와 구별하기 위해 "하나님", "진리", "빛", "정신", "지혜", "삶"과 같은 개념들을 독점하려 한다. 마치 그것들이 자신들과 동의어라도 되는 것처럼 주장한다. 각종 정신병원에 수용되어야 할 정도로 왜곡된 정신을 가진 이들이, 마치 자신들이 세상의 의미이고, 소금이고, 척도이며, 최고 법정인 양 다른 모든 것을 평가하려 든다. 그렇게 기독교의 이름으로 진리를 왜곡하고 사람을 판단하며 신을 도구화하는 이들—그 모든 끔찍한 행위는 신앙이 아니라, 하나님을 향한 배은망덕이다. 그런 기독교인은 그리스도인이 아니라, 모양만 남은 "붕어빵 기독교"인일 뿐이다.

45

순수한 말씀?
아니면 찬다라 도덕?

예수를 따랐던 무리가 스승의 입으로 빌려 말하게 했던, 니체조차 인정했던 "순수하고 아름다운 영혼"의 고백들을 들어보자.

> 그리고 너희를 영접하지 않거나 너희 말을 듣지 않는 고장이 있거든, 그곳을 떠나면서 그들에게 경고의 표시로 너희의 발에서 먼지를 털어버려라. 진정으로 내가 너희에게 이르니. 최후의 심판의 날에 이르면 저런 고장보다 오히려 소돔과 고모라가 더 견디기 쉬우리라 (마가복음 6장 1절)

니체는 이 말씀에 대해 감탄하며 말했다:

> 이 얼마나 복음적인가!……

그가 '복음적'이라고 감동한 말씀은 또 있다.

> 나를 믿는 이 작은 이들 가운데 하나라도 죄짓게 하는 자는 연자매를 목에 걸고 바다에 던져지는 편이 오히려 낫다.(마가복음 9장 42절)

> 또 네 눈이 너를 죄짓게 하거든 그것을 빼 던져 버려라. 두 눈을 가지고 지옥에 던지는 것보다, 외눈박이로 하느님 나라에 들어가는 편이 낫다. 지옥에서는 그들을 파먹는 구더기도 죽지 않고 불도 꺼지지 않는다.(마가복음 9장 47절)

니체는 이 말씀이 단순히 눈만 가지고 이야기하는 것이 아니라는 사실 또한 간파했다. 이처럼 그는 자신이 '복음적'이라고 생각하는 예수의 말씀에 대해서는 철저하게 이해하며 또 진리의 말씀으로 받아들였다. 그러나 거기까지다. 반대로 아무리 성경이 예수의 입을 빌려 말한 말씀일지라도, 그것은 예수의 말이 아니라고 주장하는 복음서 말씀도 있다.

> 내가 진실로 너희에게 말한다. 여기에 서 있는 사람들 가운데에는 죽기 전에 하나님의 나라가 권능을 떨치며 오는 것을 볼 사람들이 더러 있다.(마가복음 9장 1절).

니체는 이 말씀을 '근사한 거짓말'이라고 단정한다. 그것은 현실을 호도하고, 현실을 잊게 함으로써, 현실의 고난과 고통을 잊게 하는 아편과 같은 거짓말이라고 비판한다. 그러나 우리는 되물어야 한다. '실제로 일어나지 않았다면 이 말을 굳이 기록해 놓았겠는가, 니체여……'

> 누구든지 내 뒤를 따르려면 자신을 버리고 십자가를 지고 나를 따라야 한다.(마가복음 8장 34절)

이 말에 무슨 이유와 어떤 설명이 필요할까? 필요한 것이 있다면, '예' 혹은 '아니요', 따름과 거부, 즉 이 말씀에 대한 자기 결단이 따를 뿐이다.

> 남을 심판하지 마라. 그래야 너희도 심판받지 않는다. 너

> 너희가 심판하는 그대로 너희도 심판받고, 너희가 되질하는 바로 그대로 너희도 받을 것이다. (마태복음 7장 1절)

이 말씀은 '심판의 금지'가 아니라 '심판의 균등화'인가? 정의나 공의를 말하는 듯 보이지만, 오히려 "모두를 같은 잣대로 보자"는 허약한 도덕 감정의 표현인가? 즉, 강함과 약함, 고귀함과 저열함을 구분하지 않고, 모두를 동일하게 재려는 평등주의적 본능, 즉 "떨어진 자들의 복수 본능"?

니체는 이 말씀을 '비판의 금지'이자, '기회주의적 자기 보호'로 해석하며, '심판하지 말라'는 도덕적 금언처럼 보이지만, 그 내면의 의도는 "심판받지 않기 위해 심판하지 말자"라는 자기방어라고 읽는다. 그러나 이 말은 약자들이 심판의 가능성에서 자신을 지키기 위해 발명한 '도덕적 무기'가 아니다. "나는 너를 판단하지 않겠으니, 제발 나도 판단하지 마."라는 식의 타협적 윤리가 아니며, 노예 도덕을 합리화하는 말은 더더욱 아니다.

오늘 나는 이 말씀을 다음과 같이 읽는다:

이 말씀은 자기 성찰과 겸손의 권고다. 즉 이 구절은 타인을 판단하기 전에 자신의 내면을 돌아보라는 예수의 권고다. 이는 특히 위선적인 판단을 경계하며, 자신도 완전하지 않다는 인식을 바탕으로 타인을 대하라는 뜻이다. 또한 이 예수의 말은 공공의 정의와 개인의 판단을 구분하라는 뜻으로 읽힌다. 즉, 공적인 질서 유지를 위한 판단은 필요하지만, 개인 차원에서 비판은 신중해야 한다.

나아가 이 말씀은 사랑과 용서의 실천을 강조하는 말씀이다. 타인을 판단하기보다 사랑과 용서를 먼저 실천하라는 예수의 가르침이다. 이는 특히 공동체 내에서의 화해와 이해를 촉진하는 삶의 양식이다. 결론적으로 이 말씀은 노예 도덕을 위한 단순한 판단 금지가 아니라 더 깊은 자기 성찰과 공동체 내에서의 사랑과 이해를 강조한다.

> 사실 너희가 사랑하는 이들만 사랑한다면 무슨 상을 받겠느냐? 그것은 세리들도 하지 않느냐? 그리고 너희가 자기 형제들에게만 인사한다면 너희가 남보다 잘하는 것이 무엇이겠느냐? 그런 것은 다른 민족 사람들도 하지 않느냐?(마태복음 5장 46절)

이 '기독교적 사랑의 원리'가 결국에 가서 보상받기를 원하는 것이라고 오해하거나, 또는 비기독교인들이 그렇게 오해하도록 행동하지 말아야 한다. 우리는 보상 받기 위해 사랑하는 것이 아니다. 기독교가 입으로는 사랑의 종교라고 말하면서도 이를 인정받지 못하는 이유는 사랑에서조차 지극히 계산적이며 또 폐쇄적이기 때문이다.

자신을 사랑하는 것은 어떤 희생이나 고통의 강도가 약한, 지극히 자연스럽고 당연한 것이다. 그러나 예수가 우리에게 말씀하신 사랑은 원수를 사랑하는 데까지 이르는 사랑이다.

> 너희가 다른 사람들을 용서하지 않으면 아버지께서도 너희의 허물을 용서하지 않으실 것이다.(마태복음 6장 15절)

이 말씀이 하나님 아버지의 명예를 실추시킨다는 주장에 대해 어떻게 생각하는가? 실제 이 언급에는 '거래하는 하나님의 이미지'가 내포되어 있다. 조건부 용서, "너희가 용서하지 않으면 하나님도 용서하지 않으신다"라는 말이 참된 신적 자비의 개념과 어울리지 않아 보인다. 복수와 조건부 용서라는 비열한 인간 감정의 투영으로 비춰진다.

더욱이 이 말씀은 이해하기에 따라서 복음서 속 예수의 가르침과 배치된다. 즉 "무조건적인 사랑과 용서"의 정신과, 기독교 교리가 발전시키며 조건을 붙인 "하나님의 용서" 사이의 차이가 있다. 이것은 예수의 정신이 아니라, 사제들이 권력을 위해 조작한 결과라는 것이다. 결국 이런, 이런 신, '아버지'는 존경받을 수 없지 않겠는가!

이런 비판을 뒤집어 읽으면 오히려, 우리는 다음과 같은 사실을 발견하게 된다:

하나님은 사랑의 존재이며, 그분의 용서는 인간의 조건에 종속되지 않는다. 이 말씀에 들어있는 조건은 법적 교환이 아니라 인격적 상호성이다. 즉 하나님이 용서를 베푸신 자에게 기대하는 것은 그 사랑이 타인에게도 흐르는 것이다.

용서를 체험한 자에게는 반드시 변화된 마음의 반응이 일어난다. 즉, 하나님의 용서를 깊이 체험한 사람은 타인을 용서하지 않을 수 없게 된다. 그러므로 이 말씀은 형벌 선언이 아니라, 영적 진실에 대한 표현이다.

이 말씀은 하나님의 복수가 아니라 인간의 닫힌 마음에 대해 경고한다. 타인을 용서하지 못하는 마음 상태가 하나님과의 관계도 막는다는 뜻이다. 이 말씀은 용서의 능력으로 닫힌 마음을 열기 위한 초대다.

인간의 행위가 하나님의 자유와 사랑을 제한하지 못한다. 하나님의 용서는 언제나 전적인 은혜에 근거하며, 인간의 행위 때문에 제한되지 않는다. 그러므로 이 말씀은 하나님이 조건을 걸었다는 선언이 아니라, 우리 자신이 하나님의 은혜를 수용할 수 있는 상태인지 자문하게 하는 거울이다.

> 그날에 기뻐하고 뛰놀아라. 보라, 너희가 하늘에서 받을 상이 크다. 사실 그들의 조상들도 선지자들을 그렇게 대하였다.(누가복음 6장 23절)

보이는 상보다 하늘의 상을 더 중요하게 생각하라! 이 말씀을 받을 자는 적어도, 자신이 '이 시대의 선지자'라는 정체성을 지녀야 한다. 하나님의 말씀에 목숨을 걸고, 죽음에 이를지라도 진리를 대언하는 자로서의 정체성이 없는 이가 하늘의 보상을 꿈꾼다는 것은 얼마나 파렴치한 자의 자의식인가!

적어도 진리를 위해, 복음을 위해, 하나님 나라를 선포하기 위해 고난을 겪은 자들에게만 해당하는 말씀이다. 그렇지 않다면 이 말씀은 희망 고문이 될 뿐이다.

> 여러분이 하나님의 성전이고 하나님의 영이 여러분 안에 계신다는 사실을 여러분은 모릅니까? 누구든지 하나님의 성전을 파괴하면 하나님께서도 그자를 파멸시키실 것입니다. 하나님의 성전은 거룩하기 때문입니다.(고린도전서 3장 16~17절)

도대체 왜 이토록 아름다운 말씀이 '이와 같은 일은 아무리 경멸해도 지나치지 않다.'라는 격렬한 혐오, 냉소 담긴 모욕적인 비판을 받아야 하는가! 그것은 이 말씀을 곡해해 적용하는 기독교인들 때문이다. 기독교인들은 이 말씀을 두고 겉으로 보기에는 인간의 육체를 신성시함으로써 오히려 약하고, 무기력한 자신(자아)을 미화하고, 정당화시키는 도덕률로 사용한다. 즉 "몸"이 신성하다는 말은, 인간이 자신의 약함과 상처, 고통을 도덕적으로 미화하려는 시도다.

이런 사람을 비판하자면, "너희 몸은 신성하니 함부로 하지 말라"는 말은 곧 "몸을 부정하라"는 명령의 변형이다.

어떤 기독교인들은 "하나님의 성전을 파괴하면 하나님께서도 그자를 파멸시키실 것"이라는 말씀을 "복수심의 신학 근거"로 사용한다. 이는 하나님이라는 이름을 내세운 복수의 선언이다. 즉, 자기 자신이나 교회를 건드리는 자에게 신의 이름으로 보복하겠다는 위협이다. 가당치 않게 들리겠지만, 얼마나 많은 목사나 기독교인들이 이런 방식으로 사람들을 협박하고 있는가.

실제로 이 말씀을 진심으로 확신하거나, 혹은 체험한 적도 없으면서 말로만 하나님이 인간 안에 거한다고 선언하며, 인간의 영적 자아를 신의 거처로 신성화한다면, 이것은 하나님의 임재에 대한 오만한 환상이며, 병적인 자기중심적 신념으로 비칠 뿐이다. 이것은 인간을 신적인 존재로 높이는 것이 아니라, 오히려 실제적 존재의 무게를 감당하지 못하고 신비화하는 태도에 불과하다.

> 하나님께서 세상의 지혜를 어리석은 것으로 만들어 버리지 않으셨느냐? 세상은 그 지혜로 하나님의 지혜를 알지 못하였기에 하나님께서는 우리가 소위 어리석다고 하는 복음을 통해서 그것을 믿는 자들을 구원하시기를 기뻐하

셨느니라. 부르심을 받은 사람들 가운데 육체에 의거해서 지혜로운 자, 유력한 사람, 또는 가문이 좋은 사람은 많지 아니하니라. 오히려 세상의 어리석은 것을 하나님께서 선택하심은 지혜로운 자들을 부끄럽게 하시려는 것이요, 세상의 약한 것을 선택하심은 강한 것을 부끄럽게 하시려는 것이다. 또한 유력한 것을 무력하게 하시려고 하나님은 세상에서 보잘것없는 것과 멸시받는 것, 곧 하찮은 것을 선택하셨으니, 이는 있는 것을 없는 것으로 만드시기 위함이라. 그러니 육신을 가진 사람으로서 아무도 하나님 앞에서 자랑하지 못 하게 되리라(고린도전서 1장 20절 이하)

"지혜로운 자, 강한 자, 귀한 자"를 거부하고, "어리석은 자, 약한 자, 멸시받는 자"를 하나님이 택하셨다는 말로 약자들, 열등함을 지닌 사람들로 하여금 이것을 하나의 '덕목'으로 삼게 해 그들을 '가스라이팅'하는 목사들은 천벌을 받을진저!

자신들의 권력 유지 수단으로 "하나님께서 세상의 지혜를 어리석게 하셨다" 말을 반(反)이성주의 근거로 사용하는 목사들에게 화 있을진저!

"없는 것을 있는 것같이 부르시는 이 위함이라"라는 말씀을 존재 자체를 부정하는 '허무주의적 반전, 즉 존재하는 것(강함, 아름다움, 권력)을 없애고, 없는 것(어리석음, 약함, 무명함)을 하나님의 의지로 세상의 중심에 놓겠다는 설교하는 이에게 연자 맷돌을!

"자랑하지 못하게 하려 함"을 인간의 자긍심, 고귀함, 창조력 자체를 억압하려는 의도로 인간 존엄을 무시하려는 도구로 사용하는 기독교인에게 분노의 화살을!

인간은 원죄原罪 이전에 원복原福을 받은 존재로, 인간이면서도 신성을 지닌 하나님의 자녀로서 각자에게 주어진 하나님의 뜻을 성취하는 위대한 존재다. 그러므로 위 말씀이 '찬다라(노예) 도덕의 심리'의 근거로 비판받지 않기 위해서, 또는 강자에 대한 "시기심ressentiment"이나 복수심이 은밀하게 담긴 도덕의 근거로 취급받지 않기 위해서, 혹은 바울이 "모든 복수의 사도 중의 가장 거물"이라는 잔인한 오해를 받게 하지 않기 위해서라도 기독교인들이여 제발 정신 차려라!

46

신약성경, 인간적인
너무도 인간적인 진리의 책

신약성경을 읽을 때는 마음에 낀 때를 벗겨 내야 한다. 그렇게 성스러운 글을 가까이하려면 그렇게 하지 않을 수 없다. 우리는 가까운 친구와 교제하듯이 '초기 기독교인들'과 교제하는 것을 좋아해야 한다. 사실 그들을 비판할 필요가 있어서가 아니다. 나는 신약성경에서 단 한 가지라도 공감 가지 않는 대목이 있을까 찾아보았으나 실패했다. 그곳에는 자유와 배려, 허심탄회하고 솔직한 신앙고백이 담겨 있다. 여기에는 인간적인, 너무도 인간적인 모습이 넘쳐난다.

물론 신약성경에는 인간의 좋은 본능뿐 아니라 나쁜 본능도 드러나 있다. 좋은 본능은 북돋고, 나쁜 본능은 거부하라고 말한다. 그 안에 있는 진리는 세상을 향해 눈을 부릅뜨고 바라보며 자기 확신을 가지고 당당하게 나아가라 말한다. 신약성경을 읽고 이해하면 다른 책들 또한 쉽게 읽힌다. 예를 들자면, 바울을 새롭게 읽고 난 후 곧바로 고약한 책 중에 기품 있고 매력적인 니체의 『안티크리스트』를 아주 쉽고 즐겁게 읽을 수 있다.

초기 예수 공동체로부터 우리는 많은 것을 배워야 한다. 예수 공동체를 가까이 두고 실천한다면 그것은 영예로운 것이다. 신약성경을 읽으면 부당하게 취급당하는 시대는 지나갔다. 한 정직한 사도는 '지혜로운 설교'를 통해 '이 세상의 지혜'를 비판했고, 이는 하나님의 지혜를 돋보이게 하는 주장이었다. 바리새인이나 율법학자들조차 그의 변론을 당해내지 못했다.

초기 예수 공동체는 사람들의 칭찬받는 삶의 공동체였다. 자신의 것을 함께 나누며, 찬양과 기도로 뭉친 사랑의 공동체였다. 그들은 특권층의 사람들이 아니었다. 그것만으로 충분했다. 그렇다고 특권층을 증오하는 무리가 아니었다. 오히려 자신의 스승을 따라 그들조차 사랑하려 애쓴 사람들이었다. 그들의 사랑은 예수의 새 계명을 따르는 것 외에 다른 이유가 없었다.

아마 내가 살아생전에 이런 공동체를 볼 수 있을지 의문이다. 그들은 '평화와 사랑의 원리'를 가지고 살았다. 좀 더 자세하게 살펴보자. 누구나 자신이 '하나님이 선택한 사람'이라고 믿게 된다고 해서, 혹은 '하나님의 성전', '천사들의 심판자'로 인식한다고 해서, 다른 선택의 원리, 즉 정직함, 정신, 남성다움과 긍지, 마음의 아름다움과 자유를 악으로 볼 이유는 없다.

초기 기독교인의 입에서 나오는 말 전부가 진실은 아니었지만, 그들의 활동들은 사랑의 본능을 실현하고자 한 노력이었다. 그들의 모든 가치, 그들의 모든 목표는 귀한 것이었다. 그들이 미워하는 것, 악이나 증오, 죄 등은 하등 가치가 없는 것이었다. 사랑이 모든 가치의 기준이 되었다.

마지막으로, 신약성경에서 결코 지나쳐서는 안 될 인물 중의 하나가 바로 로마의 총독 빌라도다. 그는 유대인의 문제를 진지하게 받아들였고, 예수 앞에서 진리에 관한 질문—"진리란 무엇이냐?"—을 던졌다. 이 질문은 신약성경과 예수 그리스도의 정체를 더욱더 풍부하게 드러내는 통로가 되는 가치를 지닌 말이었다.

47
하나님 같지 않은 하나님

지금 기독교가 처한 가장 큰 문제는, 그들이 말하는 하나님이 사람들에게 "하나님"으로 믿어지지 않는다는 데 있다. 즉 하나님이 존재하느냐 존재하지 않느냐의 문제가 아니라, 기독교인들이 줄기차게 말하고 예배하는 '그' 하나님이 "하나님 같지 않다"라는 데서 시작된다. 그 하나님은 오히려 가련하고, 불합리하고, 심지어 해롭기까지 느껴지는 신이다. 이것은 단순한 신학적 오류가 아니라, 일종의 존재론적 범죄이다. 우리는 그런 잘못된 기독교가 말하는 하나님을 참 하나님으로 믿을 수 없다. 만일 기독교인들이 그런 하나님의 존재를 우리에게 논리적으로, 체험적으로, 실존적으로 증명해 준다고 하더라도, 우리는 그 하나님을 죽여야 한다.

하나의 철학적 공식으로 표현해 보자: "잘못된 하나님을 창조해 내는 것은 곧 하나님 부정이다." Deus, qualem Paulus creavit, dei negatio—'예수 무늬'만 남아 있는, 한 입 베어물면 텅 비어 있는 '붕어빵 기독교', 단 하나의 현실성도 없고, 단 한 군데라도 예수의 말씀을 진지하게 인정하자마자 곧바로 붕괴할 수밖에 없는 이 비합리적인 종교 문화는 '세상의 지혜'(학문)에 대해 본능적인 적의를 지닐 수밖에 없다. 그런 기독교는 영성 훈련과 정신의 고결함, 양심의 순수성과 엄격성, 영혼의 자유로움에 심각한 해를 끼친다. 그리고 비방과 악평을 듣는 모든 수단을 스스로 옳다고 말하기 시작한다. 이때 "신앙"이라는 이름 아래 내려진 명령은 곧 학문에 대한 부인이며, 실제로는 어떤 대가도 상관하지 않는 뻔뻔한 거짓말이 된다.

그러나 바울은 누구인가? 그는 스스로 엄격한 학문의 훈련을 받았던 학자였기에, 그가 말한 "믿음"이란 그렇게 무식함을 가장한 용감한 무기가 아니었다. 오히려 그는 "이 세상의 지혜"를 무시하거나 도피하는 태도로서의 신앙이 아니라, 그것을 넘어서는 새로운 지혜가 있음을 당당하게 증언했다. '세상의 학문'의 본질을 꿰뚫지 않고서는 결코 감히 할 수 없는 말이었다. 그가 아테네 신전 앞에서 '알지 못하는 신'에게 제사하는 이들을 향해 '알려진 하나님'을 담대히 선포하는 장면을 상상해 보라. 얼마나 철학적이며, 얼마나 용감한가! 그런 바울을 향해 니체는 왜 그토록 거칠게 미워하고 욕했는가?

바울에게 알렉산드리아에서 교육받은 훌륭한 문헌학자와 의사들은 적이 아니었다. 그들에게 싸움을 건 적도 없고, 그들을 타락시킨 것도 아니다. 우리가 오늘 반대하고 분노해야 할 대상은, 예수 없는 교회요, 예수 없는 기독교이지, 예수의 진리가 아니다.

그러므로 굳이 '안티크리스트'를 말하고 싶다면, 그때 말하는 기독교가 어떤 기독교인지를 명확하게 밝혀야 한다. 기독교 2천 년의 역사 속에서 '기독교'는 하나의 종교라고 단정을 지을 수 없을 정도로 너무나 다양한 스펙트럼과 변종을 품고 있기 때문이다. 거기에다 치유를 가장한 사이비 신앙, 교묘한 은혜를 말하며 돈을 뜯는 유사 기독교 분파들은 셀 수없이 많다. 병든 신앙, 기만적인 축복, 이기적인 구원의 감정으로 포장된 그 수많은 거짓된 교회들 속에서, 과연 누가 진짜 예수를 보고 있는가?

48

선악과, 인간의 신이 되려는 욕망과 창조의 파열선

사람들은 성경의 맨 처음에 나오는 창조 이야기를 정말 이해하고 있는 것일까? 선과 악을 알게 하는 지식을 얻은 후 엄청나게 두려워한 인간에 관한 이야기 말이다. 기독교인들조차 그 이야기를 제대로 이해하지 못하고 있다. 대단히 뛰어난 종교적이고 신화적인 구성으로 형성된 창세기는 인류가 직면한 근본적인 문제가 무엇인지를 밝히고 있다. 결과적으로 인간에게 지금도 계속되는 하나의 커다란 위험이 있다는 사실을 드러낸다. 사실 인간의 가장 큰 위험은 곧 하나님을 향한 도전이다.

잠시 창조 이야기를 들여다보자. 하나님이 이 땅 위에 온갖 생명을 창조한 이유는—니체의 말처럼—자신의 생활이 지루하거나 권태로워서 아니다. 하나님은 자신을 닮은 존재를 만들어 동역하고 싶어 했다. 그래서 하나님이 지구를 창조하실 때 이 뜻을 펼치셨다. 하나님은 피조물을 만드는 하루하루가 너무 즐겁고 행복해 '좋다, 좋다!' 외쳤다. 창조하면 할수록 그의 창조력은 더 없이 증폭되어 드러났고, 인간을 창조하는 순간 그 절정에 이른다.

인간 또한 권태로울 여유가 없었다. 동물과 식물들의 이름을 지어야 했고, 그들을 다스리는 힘을 배양해야 했다. 그러나 남자 인간이 다른 존재와 달리 홀로 창조된 것을 보시고, 하나님은 그가 너무 외로워한다는 것을 알아차리셨다. 모든 낙원을 통틀어 오직 유일한 그 어려움에 대해 신은 말할 수 없는 연민을 느꼈다. 곧바로 신은 여자를 창조했다. 그렇게 인간의 외로움은 끝난 것처럼 보였다.

여자는 하나님이 저지른 두 번째 실수가 아니라 그가 만든 최고의 걸작품이다. 그런데 마치 선악과를 먹은 책임이 오로지 그 여자 인양, 지금 기독교도 유대교와 마찬가지로 여자에 대해 부정적인 시각을 가지고 있다. '세상의 모든 악은 여자로부터 나온다'라는 말은 암묵적으로 동의하는 말로 취급된다. '유혹을 먼저 받았고, 지식도 역시 여자에게서 나온다'라는 신념이 무의식 속에 고착화되었다. 남녀를 떠나 인간은 하나님의 실수가 아니라 의도된 최고의 작품이었다.

그렇다면 선악과를 따먹은 그때, 인간들에게 무슨 일이 일어난 것일까? 왜 하나님은 그리도 화가 나신 것일까? 선악과 이야기는 과연 하나님이 갖고 있었던 인간의 지식에 대한 두려움의 표시인가.

이를 위해 선악과 이야기를 좀 더 들여다보자. 더 정확하게 나무의 이름을 표현하면 '선과 악을 알게 하는 나무'이다. 즉 이 열매는 무엇이 선이고, 무엇이 악인지를 알게 하는 지식을 표현한다. 그렇다면 인간이 '선'과 '악'을 분별하는 것이 왜 죄가 된다는 말인가! 한 발짝 더 들어가 보자.

하나님은 세상을 창조하는 가운데 인간을 남녀로 창조한다. 그들에게 온 자연 만물을 다스릴 수 있는 권한을 위임한다. 그 동산에는 각종 동물과 자연이 생명력 넘치게 존재했고, 그 증거의 하나로 '생명나무'를 자라게 하셨다. 그리고 하나님은 인간이 자신과 관계를 하나의 약속을 통해 유지하고자 하셨다. 그것은 '선악을 알게 하는 나무'에 접근 금지 명령이었다. 인간들도 그 명령을 잘 알고 있고, 또 그렇게 하기로 약속했다. 그러나 인간의 약속은 유혹의 강력한 힘 앞에서 맥없이 무너져 내렸다.

뱀, 여자, 남자로 이어지는 '타락의 여정'은 하나님의 가슴을 후며 파는 최악의 선택이었다. 지식 그 자체가 문제가 아니었다. 이미 모든 지식은 세계의 다스림이라는 그의 사명과 밀접하게 연관되어 있었다. 자연에 대한 지식, 환경에 대한 지식, 사람에 대한 지식. 그것이 없는데 어떻게 자연 속에서, 자연을 다스리며 살아갈 수 있겠는가? 지식, 그 자체가 최초의 죄악이나 모든 죄악의 씨나 원죄가 아니다. 지식은 하나님과 관계를 유지하는 하나의 통로이다. 지식 자체를 '알지 말라'고 한 것이 아니다. 지식은 금지의 명목이 아니었다. 인간에게 주어진 유일한 금지는 선과 악을 구별하는 지식을 갖지 말라는 뜻이다. 이 명령이야말로 신학과 인간학의 출발이다.

그렇다면 왜 선과 악을 아는 지식이 문제였을까? 선과 악을 구별하고, 판단하는 영역은 본래 인간의 영역이 아니었다. 그것은 오로지 하나님만이 판단하고, 실행할 수 있는 문제였다. 그렇지 않았다면 지금처럼 인간의 욕심, 힘에 따라 그 선과 악의 판단이 좌지우지되기 때문이다.

선악을 구별 짓고 판단하는 것은 인간 자신이 '신'이 되려는 욕망의 한 축이다. 그것은 곧 인간 세계의 타락을 의미하는 것이다. 그러므로 선악과 이야기는 단순히 뱀의 유혹에 빠진 여자의 나약함이나 인간의 원죄를 증명하려는 이야기가 아니라 인류의 근원적인 욕망, 즉 '스스로 신이 되려고 하는' 욕망의 결과를 적나라하게 보여주는 것이다.

인간은 지식이 '신과 인간을 대등하게 만들어 준다'라는 오랜 착각 속에 살고 있다. 그래서 종교가 지식의 한계를 이야기하는 것을 곧 인간을 억압하는 종교적 횡포라고 생각한다. 종교인들만큼이나 비종교인들도 지식에 대해 오해하고 있다. 하나님은 지금도 이것을 경계하신다. 그들은 생명나무와 함께 거할 수 있는 자격이 없다. 왜냐하면 선과 악을 주관하고 판단하는 신神의 돌연변이 같은 존재가 '생명나무' 열매로 영원히 존재한다는 것은 곧 모든 생명의 파멸을 의미하기 때문이다. 그리하여 이에 따라 세상은 고난, 죽음, 임신의 고통, 노동이 수고스러움, 비참함의 세계가 시작되었다.

인간의 지식에 대한 갈망과 교만은 끝이 없다. 지식으로 하늘에 다다라, 하나님을 능가하려는 노력 또한 가상하기는 하다. 인간이 계속 바벨탑을 쌓는 이유다. 또한 이것이 선악과를 먹은 인간의 뿌리 깊은 반反 하나님 존재 양식이다. 전쟁과 폭력의 정당화, 약육강식의 문화, 적자생존의 논리, 인간과 하나님과의 관계 단절 등등은 계속되는 선악과의 열매이다. 이처럼 인간은 스스로 멸망을 자초하는 데 익숙해졌다. 하나님은 가만히 지켜만 보고만 있을 수 없었다.

49
지식의 적이 된 성직자

지식에 대한 잘못된 이해, 즉 지식을 무가치한 것, 한낱 '세상의 지혜'로 치부해 버리는 목사들의 태도 또한 심각한 문제다. 이것은 사제 심리, 즉 백성들을 무지하고 무식하게 만들어 자신들의 지배를 강화하려는 의도의 승리이다.

기독교인이 되는 순간, 뇌를 드러내는 기독교인들이 얼마나 많은가! 그러나 학문이란 대체로 좋은 상황 속에서 발전하는 것이다. 인간은 '인식'하기 위해서 여유로운 시간을 가져야 하고, 여분의 정신이 있어야 한다. 그러나 어떤 목사나 기독교인들은 값싼 도덕을 가지고 인간의 지식을 옥죄려 하고 있다. 그런 모습 때문에 "죄와 벌의 개념은 '도덕적 세계질서'라는 것 전체가 지식에 대항하기 위해 생각해 낸 것"이라는 비판을 받아도 싸다.

기독교인을 '기독교라는 체제'에서 벗어나지 못 하게 하려면 기독교인은 자신의 바깥 세계, 세상을 돌아보아서는 안 되고, 기독교와 교회만 들여다보아야 한다. 교인은 영민하고 신중하게 사물을 통찰하여 배움을 얻어서는 안 되고, 아예 사물을 봐서도 안 된다.

인간은 고통을 받아야 한다. 왜냐하면 그래야 목사를 필요로 하기 때문이라고 믿기 때문이다. 심지어는 예수를 더 깊이 알고자 하는 것을 '의심 많고, 믿음 없는 도마'에 빗대어 비판하는 목사들의 혀를 어떻게 해야 하나? 이처럼 파렴치한 목사는 인간의 고통과 죄를 강조하면서 교인을 자유롭지 못하게 얽매고 있다. '학자를 멀리하라! 인간에게는 기독교가 필요하다! 원인과 결과를 이성적으로 생각할 수 있는 능력을 말살하라!' 이것은 인과관계라는 개념에 가하는 하나의 테러이다. 물론 물리적인 주먹도 아니고, 배척과 증오에서 나오는 테러다. 그것은 가장 비겁하고, 가장 교활하고, 가장 비열한 본능에서 나온다. 저 소위 "빤스 목사"의 예에서 가장 극명하게 드러나지 않는가!

  목사들의 믿음을 가장한 테러, 니체의 표현에 따르면 '기생충의 테러', '지하의 창백한 흡혈귀'라 지칭된 이 현상은 자연적인 결과가 더는 자연적인 것이 되지 않고, 미신의 개념들이 더해진다. 이때 기독교가 말하는 '죄악'은 인간의 본성을 꿰뚫는, 인간 이해의 가장 중요한 핵심이 아니라 최고의 자기 모욕의 형태로서 지식, 문화, 인간의 모든 고양과 고귀함을 불가능하게 하려고 발명된 것이다. 죄는 목사(성직자)의 지배권을 위해 발명된 교리에 불과한 것이다.

50

믿음이 복이다!

나는 여기서 "믿음"과 "믿는 이들"에 대한 심리학을 피하지 않는다. 오히려, 마땅히 그래야 하듯, 바로 "믿는 이들"을 위한 가장 깊은 유익을 위하여 이를 펼친다. 혹여 오늘날에도 여전히 믿는다는 것이 왜 가장 순전한 용기이며, 고귀한 생명의 충동이라는 것을 이해하지 못하는 이들이 있다면 내일에는 그들 또한 깨달을 것이다. 복음은 귀가 막힌 자에게도 도달하기 때문이다. 기독교인들 가운데 진리에 이르는 고유한 기준이 있다. 그것은 바로 "힘의 증거"Bewise der Kraft라고 불린다. "믿음은 복되게 한다. 그러므로 그것은 진리이다."

여기서 우리는 하나의 질문을 던질 수 있다. 복됨은 단지 약속일 뿐인가, 아니면 참으로 실제인가? 복됨은 단순한 조건적 가능성이 아니라, 믿음 속에 거하는 이들에게 이미 주어진 현재이며—믿기에 복됨에 이르는 것이다.

목사가 저 너머 세계에 대해 말하는 모든 것은 단지 추정이 아니라, 이미 신자들의 삶 안에서 확인된 실재이어야 한다. "힘의 증거"라 불리는 것은, 바로 이 믿음이 삶 안에서 열매 맺고 있다는 확신에서 비롯된다. 공식으로 다시 말하자면: "나는 믿음이 복되게 한다고 믿는다. 그러므로 나는 그 복됨을 산다." 이것이야말로 신앙의 진정한 논리다. 여기에 있는 "그러므로"는 부조리가 아니라, 사랑에 의해 밝히 드러난 진리의 생생한 논증이다.

더 나아가, 우리가 믿음을 통해 얻는 복됨이 입증되었다고 하자. 그것이 단순히 소망이거나 의심스러운 말에서 비롯된 것이 아니라, 실제의 삶에서 나타난 실재라고 하자. 그렇다면 복됨, 더 구체적으로 말하면 깊은 기쁨과 평안은 과연 진리의 증거가 되는가? 그렇다. 그것은 진리의 열매이다. 오히려 우리가 경계해야 할 것은, 기쁨 없이 말해지는 진리이다.

복음은 감각의 기쁨을 넘어, 영혼 깊은 곳에서 솟아나는 기쁨을 증거로 한다. 그것은 단순한 쾌락이 아니라, 진리 그 자체로부터 오는 빛이다. 진리가 참되면 참될수록, 그 안에는 평화와 빛이 동반된다.

그러므로 모든 깊이 있는 영혼은 말한다: '진리는 얻기 어렵지만, 그 대가는 고귀하며 아름답다. 그것은 마음의 모든 애착을 넘어서서, 사랑과 신뢰를 하나님께 돌리는 훈련이다. 이것은 위대한 영혼에 의해만 걸을 수 있는 길이다. 진리의 섬김은 가장 숭고한 섬김이다.'

그렇다면, 영적 정직함이란 무엇인가? 그것은 자기 마음을 속이지 않고, 감상주의에 빠지지 않으며, 모든 동의와 부정 속에서 하나님의 얼굴을 구하는 것이다! "믿음은 복되게 한다. 그러므로 그것은 진리다."

51
예수 없는 기독교:
정신병적 교회의 초상

'예수 없는 기독교' 혹은 '예수를 믿지 않는 기독교인'들이 모인 곳은 평범한 사람들이 보기에 정신병원과 다름없다. 물론 그 교회의 목사들은 그렇게 생각하지 않을 것이다. 그들은 병이 병이라는 사실, 정신병원이 정신병원이라는 사실 자체를 본능적으로 부정하기 때문이다. 왜냐하면 이들은 병을 필요로 하기 때문이다. 마치 헬레니즘이 넘치는 시대에 건강이 절실했던 것처럼, 이 거짓 교회들은 병들게 하는 것 자체를 목적으로 삼는다. 그래야 병원, 곧 교회는 "장사"가 잘 되기 때문이다. 그래서 그들은 되도록 '대형병원'이 되기 위해 경쟁한다.

이 교회들이 퍼뜨리는 병의 증세는 신경병과 매우 유사하다. "교회는 하나님의 큰 영광을 위해 존재한다"in majorem Dei honorem는 말 자체는 진실이지만, 사기꾼들은 이 말을 교묘하게 활용해 자신의 영광을 취한다. 이들이 정기적으로 모여 내뿜는 주기적인 광기folie circulaire는 여느 정신병자들의 모습과 크게 다르지 않다. 이러한 교회는 병적인 토양에서 조직적으로 생겨난 결과다. 이런 교회 아닌 교회에서는 신앙인의 모습을 갖추려면 가능한 한 빨리, 충분히 병들어야 한다.

오늘날 데카당스 기독교에서 '기독교인이 된다는 것'은 인간으로서 병든다는 뜻과 같다. 이 데카당스 기독교는 몸에 대해 잘못된 생각을 주입하며, 영혼의 미신을 털어버릴 기회를 주지 않는다. 그들은 정신과 육체의 영양부족 상태를 일종의 수련의 열매나 공적verdienst으로 포장하고, 건강이나 건전한 삶을 죄악시하거나 부정하게 만든다. 대신 죽어가는 육체 속에 '완전한 영혼'이 거한다고 믿게 하고, 이를 위해 "완전함"이라는 개념을 "거룩함"과 뒤섞어 광신적인 태도를 만들어 낸다. 그러나 그들이 말하는 '거룩함'은 사실 피폐하고 쇠약하며 치유할 수 없을 만큼 부패한 육체의 증후군일 뿐이다.

본래 예수 운동은 예수의 부활을 경험한 제자들과 무리가 사랑과 평화에 북받쳐 함께 모여 먹고 마시며, 하나님을 찬양하고, 삶을 나누는 공동체로 시작되었다. 이 모임에는 부자나 가난한 자, 남녀노소를 불문하고 '예수 이름'에 감동한 이들이면 누구나 함께할 수 있었다. 그들의 관심은 유대교를 무너뜨리거나 로마에 맞서는 정치 혁명을 일으키는 데 있지 않았다. 그들은 작고 약한 무리였고, 믿음의 감동에 따라 모인 이들이었다. 그런 예수 공동체가 하나의 종교인 '기독교'로 조직화하기까지 약 300여 년이 흘렀다.

기독교가 형성된 직접적인 원인은 고대의 고상하고, 순결한 문화가 부패한 결과만은 아니었다. 오히려 초기 기독교인의 순교적 삶과 예수 증언이 쌓인 결과였다. 그 위에 기독교가 하나의 공인된 종교로 인정받게 된 것은 어디까지나 '정치적 판단'이 작동한 결과로 보인다. 그때 그들은 바울의 고백을 떠올렸을 것이다. "하나님께서는 이 세상에서 약한 것, 어리석은 것, 보잘것없는 것, 멸시받는 것을 택하셨습니다."

그러나 우리는 이 고백을 오해해서는 안 된다. 하나님은 약한 자를 단순히 약한 대로 쓰시는 분이 아니다. 그는 약한 자들을 강하게 만들어 사용하시며, 어리석은 자는 지혜롭게 변화시켜 쓰신다. 보잘것없는 자를 유익한 자로, 멸시받는 자를 품위 있는 사람으로 변화시켜 사용하신다. 그렇기에 이들에게는 원한도, 시기심도, 복수심도 작동할 필요가 없었다. 니체가 이 비밀을 알았더라면 바울을 그토록 잘못 비판하지는 않았을 것이다.

그럼에도 바울의 이 고백이 진정한 겸손의 표현으로 남기에는 로마 기독교의 변질이 너무 일찍 시작되었다. 정신병의 균은 그 탄생 순간부터 이미 자라고 있었다. 로마에서 기독교는 정치적으로 승리했지만, 그 대가로 "십자가에 달린 하나님"으로서의 예수 신앙은 파괴되기 시작했다.

52

기독교인, 진리에 눈뜨는 자

기독교는 인간의 모든 오만한 이성에 반대한다. 역설적으로 상처 입은 이성과 낮아진 자아도 참된 기독교적 이성에 이를 수 있다. 이들은 교만한 영이 아니라, 회개하는 영을 택한다. 기독교는 이기적인 자아의 자랑에 저주를 선언하고, 깨어진 영혼의 단순함을 끌어안는다. 병듦은 기독교의 본질이 아니라, 기독교가 향하는 대상이다. 그래서 "믿음"은 인간의 병든 상태에서 오는 회복의 시작이며, 병든 길 위에 세워진 구원의 다리다.

기독교는 인간이 스스로 추구하는 오만한 지식의 길이 아닌, 하나님이 허락하신 겸손한 지혜의 길이 되어야 한다. 그래서 회의懷疑는 그 자체로는 죄가 아니지만, 믿음을 거부하는 회의는 은혜의 부정이 된다.

성직자에게서 드러나는 눈빛에서는 진리의 결핍이 아니라, 그 눈에는 진리를 본 자의 떨림이 머물러야 한다. 니체가 관찰한 히스테리 증상이나 병든 아이들처럼, 우리도 삶의 연약함 속에서 본능적인 거짓됨과 유혹, 혼란을 경험한다. 그러나 그런 병듦은 타락의 증거가 아니라, 은혜의 필요성을 드러내는 증거다.

"믿는다"는 것은 눈을 감는 것이 아니라, 하나님이 주신 진리에 눈뜨는 것이다. 경건한 사람과 목사는 병들었기에 거짓된 것이 아니라, 병들었기에 더 깊은 진리를 갈망하고 순전하게 받아들인다. 그들의 본능은 오히려 진리의 주도권이 자기 자신이 아니라 하나님께 있다는 것을 인정하는 것이다. "병든 자를 찾으러 오신 예수님"의 복음이야말로, 병듦을 선이라 부르며 생명을 불러일으킨다.

거짓을 말할 자유가 없는 것, 그것이 신학자의 진짜 징표다.

좋은 신학자의 또 다른 특징은, 성경을 해석할 때 그저 문헌 비평학에 그치지 않는다는 것이다. 여기서 말하는 문헌 비평학은 사실을 사실로 받아들이되, 그것이 말하는 더 깊은 의미를 향해 열린 해석의 예술이다. 이해하고자 하는 갈망은 경솔함이 아니라, 사랑의 인내로 드러난다. 성경 비평학을 공부하는 것은 하나의 예배다. 성경이든, 신문이든, 인생이든, 날씨든, 모든 현실 속에서 하나님의 섭리를 읽어내려는 시도가 곧 기도이다.

신학자는 섣불리 성경의 구절을 역사적 사건이나 개인의 삶과 연결하려 하지 말아야 한다. 그것은 억지 해석이 될 수 있다. 오히려 하나님의 살아 있는 말씀을 오늘의 역사 속에서 발견하는 예언자의 통찰이 필요하다. 그리고 평범한 사람들, 농민들, 골방에서 기도하는 자들이 자신의 일상에서 하나님의 손길을 느끼며 그것을 "은혜", "섭리", "구원의 경험"으로 고백하는 것은 가장 순수한 신앙의 언어다.

일상에서 감기에서 낫게 하시고, 갑작스러운 소나기 전에 차를 타게 하시는 하나님 등, 이를 하나님의 섬세한 배려로 믿는 이들에게는 이러한 작은 일조차 하나님의 살아 있는 임재의 표징이다. 그들에게 그런 하나님은 결코 우연이 아니며, 가장 지혜롭고도 친밀한 사랑이다.

하나님은 우리의 하인이 아니라 아버지시며, 편지를 전하는 사자使者가 아니고 말씀 자체이며, 달력의 기호가 아니라 시간의 주인이시다. "신의 섭리"는 결코 하나님에 대한 반론이 아니다. 그것은 하나님이 얼마나 깊이 인간의 삶 속에 동행하시는지를 보여주는 사랑의 증거이다. 기독교인들이 그 섭리를 믿는다는 사실은 부끄러운 것이 아니라, 찬양할 만한 신앙의 유산이다.

53
진리를 위한 순교자의 피

순교자가 어떤 사안의 진리를 증명한다는 것은 너무나 분명하여, 나는 오히려 순교자야말로 진리와 가장 깊이 관련된 자들이었다고 주장하고 싶다. 모든 종교에 순교자가 있는 이유다.

순교자가 자신의 믿음을 세상에 외치는 그 어조에는 고도의 지적 정직성, 진리에 대한 절박한 감수성이 드러나므로, 그런 순교자는 반박의 대상이 아니라 존경의 대상이다.

진리는 어떤 사람에게만 주어지고 다른 사람에게는 없는

고귀한 선물이다. 이것을 인식할 수 있는 자는 깊은 신앙의 눈을 가진 자, 루터와 같은 진리의 농부이다.

영성이 깊을수록 이 진리 앞에서 겸손과 자제는 더 커진다. 삶을 겸허히 하나님께 맡기는 것, "진리"라는 말을 예언자나 교부, 신자들이 진심으로 사용했다는 것은, 그들이 진리의 길을 걸으며 영적 훈련과 자기 부인을 실천했다는 증거이다.

순교적 죽음은 인류 역사에서 가장 위대한 축복이었다. 그것은 수많은 이들을 진리로 이끌었다. 어떤 사람이 죽음을 무릅쓴다면, 혹은 초대 기독교처럼 죽음마저 사랑의 공동체로 변화시켰다면, 그 일에는 하나님의 생명이 깃들어 있는 것이다. 이 믿음은 영혼의 분별력을 일깨우고, 신중함과 진리 탐구를 더욱 촉진 시켰다. 순교자들은 진리를 밝혔다.

오늘날에도 박해는, 비록 사소해 보일지라도, 진정한 신앙 공동체에 명예를 부여한다. 누군가가 어떤 진리를 위해 자신의 생명을 내놓는다면, 그 진리는 가장 큰 가치를 지닌 것이다. 명예로운 죽음은 진리의 가장 강력한 증언이다. 진리 앞에서, 예수 그리스도의 복음을 위한 순교자들이야말로 하늘의 증인이다.

어떤 사상을 지지하려면, 그것을 정중히 불 속에 던져 보아라. 불은 진짜를 드러낸다. 참 신학자도 그렇게 증명된다. 박해자들의 세계사적 어리석음은, 오히려 진리의 빛을 퍼뜨리는 도구가 되었다. 그들은 순교의 영광을 진리의 길에 더해주었다. 그렇다! 십자가는 이를 위한 가장 완전한 논거다. 이 모든 것을 두고 오직 한 분만이 영원히 필요한 말씀을 하셨다. 바로 예수 그리스도다.

예수를 따라 순교자들은 자신들이 걷는 길에 피의 자국을 남겼고, 그 피는 진리를 증명하는 사랑의 증거였다. 피는 진리의 가장 강력한 증인이며, 그 피는 가장 순수한 가르침을 생명과 용서로 가득 채운다. 누군가가 자신의 가르침을 위해 불 속을 지나간다면, 그것은 그 가르침이 성령의 불에서 나온 참된 계시임을 드러내는 것이다.

오늘 진정한 순교자는 누구인가? 고전적인 의미에서 순교의 시대는 지나갔다. 지금 삶의 현장에서 예수 복음, 하나님의 진리를 위해 고난받고, 배척받고, 소외당하는 모든 이들이 바로 순교자들이다. 기독교 안에 썩은 물이 고이지 않기 위해서, 교회가 니체의 말대로 '정신병원'이 되지 않기 위해서라도, 순교자는 계속 세상 속으로 파송되어야 한다.

54

신앙, 회의, 자기기만

기독교인들이여! 스스로 기만당하지 않도록 조심하라. 이 또한 예수 말씀이 아니었느냐? 누구를 기만해서도 안되지만, 자기자신의 의를 드러냄으로서 스스로를 기만하는 것 또한 경계하라는 것이 예수의 뜻이었다. 자기기만의 가장 큰 모습이 의심 없는 척 하는 것이다.

예수가 도마에게 "보지 않고 믿는 자는 복이 있다"라는 말을 했다는 이유로 졸지에 도마는 의심 많고, 믿음은 없는 사람의 대명사가 되었다. 그러나 예수는 의심 자체를 문제시한 것이 아니다. 대신 예수 자신의 말과 관계를 단번에 無로 돌리는 도마의 믿음 없음을 드러낸 것이다.

　평소에 예수가 제자들을 가르친 방법은 질문, 대화법이었다. 그는 중요한 진리를 가르칠 때마다 제자들에게 질문했다. 제자들이 스스로 생각하고, 의심하고, 답을 찾아가게 하려는 방법이었다. 회의懷疑나 의심 그 자체가 신념이나 신앙과 상반되는 것이 아니다. 오히려 의심을 통과하지 않거나, 통과 되지 못한 믿음을 믿음이라 말할 수 없다.

　신앙만이 아니라 정신의 세계에서도 마찬가지이다. 위대한 정신의 소유자들은 회의주의자들이다. 정신적인 힘, 뛰어난 정신의 힘으로 얻어지는 강인함, 즉 진리와 자유는 회의를 통해서 증명된다. 회의하지 않는 자는 스스로 기만하는 자이다.

　가치와 무가치에 대한 모든 근본적인 문제를 전혀 회의하지 않는 자들의 신념은 위험하다. 신념 자체가 무조건 감옥이 아니다. 그러나 회의 없는 신념은 자신을 교도소에 갇히게 만든다. 반대로 회의를 통해 신념이 질적으로 변화되어 마침내 믿음을 지닌 사람은 보이지 않는 곳, 멀리 있는 곳까지 바라보게 한다. 한편 적어도 가치와 무가치의 문제를 판단할 수 있으려면 자신의 5백 가지의 선입견을 자신의 발밑 혹은 등 뒤에 내려놓고 모든 사물과 사건을 객관적으로 바라볼 수 있어야 한다.

위대한 것을 바라보며, 그것을 향한 길을 모색하는 정신은 필연적으로 믿음 있는 사람의 것이다. 모든 종류의 전제나 선입견에서 벗어나는 것, 세계를 자유롭게 볼 수 있는 것이 바로 정신의 강인함이다. '진리'라고 전해지는 것이 참 진리인지 아닌지 검증하려는 사람들, 즉 진리의 실험실에 거하기를 좋아하는 사람들은 진리의 힘, 그 자체에 대한 확실한 믿음을 가진 사람임에 틀림없다. 그렇지 않고서야 진리를 왜 굳이 실험하려 하겠는가? 그의 전체 지성은 뜨거운 열정에 휩싸여 있으며, 그의 합리적인 영성은 그의 존재 근거이자 힘이다.

신앙은 회의주의자를 더는 회의하지 않게 만든다. 심지어 신앙은 '신성하지 않은' 수단까지도 선택할 용기를 준다. 앞에서 언급한대로 신앙은 물론 상황에 따라 회의를 지니는 것을 허용한다. 수단의 회의! 회의로서만 도달할 수 있는 일 또한 많다. 신앙은 위대한 열정이 필요하고, 회의를 사용하지만, 그렇다고 회의에 굴복하지 않는다. 그것은 자신이 주권자요 주체라는 것을 알고 있기 때문이다. 그러나 신앙은 무조건적인 '예'와 '아니요'에 대한 욕구가 되어서는 안 된다. 그것은 약자의 욕구에 불과하다.

   신앙을 가진 사람, '신앙적인 사람'은 필연적으로 의존적인 인간이라고 생각하면 큰 오해다. 신앙이 있다고 해서 스스로 목적을 정하지 못하는 비주체적인 인간이 있다면 그의 신앙은 신앙이 아니라 한때의 고집에 불과한 것이다. 그런 '비주체적 신앙인'은 자기 자신에게 속하지 못하고 오직 남을 위한 하나의 수단이 될 뿐이다. 그래서 잘못된 신앙인들은 스스로 사용되어야 하며, 자기를 사용할 누군가를 필요하게 한다. 비주체적 신앙은 어떤 종류이든 그 자체가 자기기만, 자기소외 Selbst-Entfremdung의 한 표현이다.

   사람들이 외부로부터 자기를 강제하고 고정해주는 규정을 얼마나 필요로 하며, 강압을 기꺼워하는지 놀라울 따름이다. 그것은 좀 더 높은 의미에서 노예가 되는 것이다. 노예근성으로 종속된 마음을 '좋은 신앙'이라 여기는 이들을 버티게 하는 힘과 삶의 태도는 매우 독특하다. 즉 많은 사물을 보지 않는 것! - 그래서 그들은 집단생활을 좋아한다. - 자유롭지 못한 구속을 자연스럽게 여기고 편하게 여기는 것!―그래서 그들은 학대도 기꺼워하며 심지어는 쾌락을 느낀다. 철저하게 편파적 견해를 밝히는 것!―자신이 옳으므로 나머지는 다 잘못된다는 확신 속에 산다.―이런 것이 바로 노예신앙을 가진 자들이 존재할 수 있는 조건이다. 이로 인해 그들은 진실한 신앙인과 대립자가 되고 적대자가 된다.

이는 이단 신앙만을 의미하는 것은 아니다. 일반교회 안에서도 쉽게 찾을 수 있는 사람들의 신앙유형이다. 그들은 '진실'과 '거짓' 분별에 관심이 없으며, 양심적으로 판단하지 않으며 나아가 스스로 마음대로 생각할 수 없다. 만약 이 지점에서 솔직히 말하면, 그 삶은 소위 '신앙' 때문에 파멸을 맞게 될 것이다. 아니면 더 큰 두려움으로 인해 광신자狂信者가 되고 말 것이다.

이것은 스스로 자유로운, 주체적인 인간으로서의 품위와 정신을 상실하는 것이다. 이런 병든 영혼들의, 이런 개념에 사로잡힌 병든 기독교인들의 과장된 태도가 많은 대중에게 악영향을 미치고 있다. 이 광신자들은 열정적으로 보이기까지 한다. 그런 인간 유형은 어떤 근거나 기준에 귀를 기울이

기보다 오히려 외형적인 익숙한 방식을 좋아하기 때문이다.

이것이 기독교 안의 깊은 병이다. 아니, 인간의 모든 종교에서 자라나는, 가장 익숙하고, 가장 숨기기 어려운 병이다. 의심 없는 신앙은, 결코 건강한 신앙이 아니다. 그것은 그냥 '습관'일 뿐이다. 그리고 그 습관은 당신을 구원하지 않는다.

55

진리를
그대로 보아라!

확신, 믿음의 심리학에서 한 걸음 더 나아가 보자. 나는 오랫동안 믿음이야말로 진리의 가장 강력한 친구이며, 단순한 거짓보다 훨씬 더 진리에 가깝다는 사실을 고찰해 왔다. 이제는 결정적인 질문을 던져야 할 때다: 거짓과 확신은 과연 같은 것이 될 수 있는가? 많은 이들이 그렇게 생각하지 않지만, 세상에는 얼마든지 거짓된 확신이 있을 수 있다. 이때 확신은 오히려 참다운 믿음을 갉아 먹는 벌레요, 오염시키는 거짓이다.

모든 신앙은 그 나름의 역사와 준비 과정, 시행착오를 가진다. 신앙은 어느 날 갑자기 생기지 않으며, 긴 시간 진실을 향해 나아간 끝에 형성되는 것이다. 그 여정 속에 오류가 있다면, 그것은 곧 진리를 향한 정직한 모색의 일부다. 그 과정에서 우리는 우리의 확신을 의심해야 한다.

나는 거짓을 이렇게 정의한다: "보이는 것을 보지 않으려는 것", "보이는 대로 보지 않는 것". '진짜' 거짓은 타인을 속이는 것이 아니라 자기 자신을 속이는 데서 비롯된다. 반면 참된 확신은 진실을 있는 그대로 바라보려는 의지에서 나온다. 종교의 세계에서도 무엇보다 확신편향을 조심해야 한다.

분열적 인간일수록 당파적 왜곡에 빠지기 쉽지만, 신앙인은 오히려 모든 분열과 싸우며 진리에 귀 기울인다. "이것이 우리의 믿음입니다. 우리는 이 진리를 고백하며, 진리를 위해 살고 죽습니다. 믿음을 가진 모든 이에게 경의를!" 이 말은 왜곡된 사상 속에서도 진리의 불꽃이 살아 있음을 보여주는 진정한 신앙고백이다.

우리는 이제 권력을 위한 기만자가 아니라, 진리 앞에서 두려워 떨며 하나님께 귀 기울이는 사람이 되어야 한다. 이때 '하나님', '하나님의 뜻', '계시'는 단순한 종교적 언어가 아니라, 인간 이성을 초월한 사랑의 언어로 전파되어야 한다.

인간은 이성으로만 선과 악을 알 수 없기에, 하나님은 자기 뜻을 우리에게 계시하셨다. 계시는 인간의 한계를 깨닫게 하며, 그 너머를 비추는 하늘의 빛이다.

목사나 신부는 더 이상 거짓말을 해서는 안 된다. 왜냐하면 사람들은 그가 말하는 것이 인간의 판단을 초월한 하나님의 진리라고 믿기 때문이다. 그는 거짓말을 할 수도 없고, 할 필요도 없다. 그는 오직 하나님의 도구일 뿐이다. 그럼에도 현실은 정반대니, 하나님이 얼마나 슬퍼하시며, 분노하실런지….

이와 같은 믿음은 유대교나 기독교만의 특성이 아니다. 모든 살아 있는 영혼이 갈망하는 신의 음성이다. 계시와 영감은 목사나 사제의 권력을 위한 것이 아니라, 하나님의 은총이 인류에게 흘러가는 통로다.

성경, 하나님의 뜻과 계시—이 모든 것은 하나님께서 우리에게 다가오시는 방식이며, 인간에게 말씀하시는 방법이다. '거룩한 말'은 모든 문명에 있었다. 공자에게도, 마누 법전에, 무함마드에게도, 그리고 교회에까지. 심지어 이것은 플라

톤의 철학에도 깃들어 있다. 그러나 종교적으로 거룩한 말과 '하나님 말씀'과 차이를 모르는 이, 혹은 이를 교리적으로만 당연하게 여기는 기독교인이 있다면, 그는 하나님의 말씀을 진리로 맛보지 못한 자이다.

"진리는 여기에 있다"는 말이 들려올 때마다, 우리가 할 일은 비록 의심이 발동하더라도 우선 경청이다. 경청한 후 그 '진리'가 '참 진리'인지 '실험'해야 한다. 우리의 영혼이 '진리의 실험소'이며, 실험 안내자는 하나님의 영이다. 목사, 신학자, 사제들은 그 진리의 수호자요, 하나님 말씀의 통로가 되어야 한다.

56
기독교의 궁극적 목적

　기독교의 목적은 무엇인가. 이 질문은 단순하지 않다. 기독교가 과연 신성한 목적을 지니고 있는지, 혹은 목적 없는 종교가 과연 존재할 수 있는가에 대한 물음은, 더 깊은 차원에서 하나의 신념 구조를 파헤친다. 설령 그것이 예수라는 이름과 관련되어 있다고 해도 말이다.

　기독교는 자신을 목적으로 삼을 수 없다. 기독교는 달을 가리키는 손가락일 뿐이다. 기독교의 궁극은 기독교 자체가 아니라, 기독교 너머에 있는 그 무엇, 즉 하나님, 그리고 예수 그리스도다. 기독교는 오직 그 방향으로의 안내자, 하나의 길잡

이일 뿐이다.

이 목표를 위해 기독교는 인간의 죄악을 전제로 한다. 그리고 이 죄인을 하나님의 아들로 격상시키며, 존재의 가치를 선언한다. 그리하여 삶의 유익, 육체의 긍정, 그리고 "몸은 성전이다"라는 전언을 통해 몸의 고귀함을 재확인한다. 이 모든 과정의 핵심 무기는 다름 아닌 '사랑'이다.

성경은 영적 서적 가운데 으뜸이다. 다른 경전과 비교할 수 없는 독특함이 있다. 성경에는 하나님의 숨결이 있다. 단순한 책이 아니다. 그 안에는 율법주의나 미신이 끼어들 틈이 없다. 만약 누군가 율법주의나 미신을 그 안에서 읽어낸다면 그것은 성경의 잘못이 아니다. 그것은 읽는 이의 망령이다.

이 책은 까다로운 영적 미각을 지닌 이일수록 깊게 느낀다. 그는 경전 안에서 고귀한 영, 하나님의 영을 경험한다. 성경은 고귀함을 말한다. 완전함의 기미를 품고 있으며, 삶에 대한 긍정으로 충만하다. 그것은 하나님의 구원 계획과 인간의 역사가 교차하는 지점에서 가장 뚜렷하게 드러난다. 고통과 고난을 지나가며 믿음은 더 빛난다. 믿는 자들은 그 고통 속에서도 행복을 배운다. 그 삶이야말로 하나님 나라의 자취다.

그 책 전체 위로 태양이 비추고 있다. 인간의 적나라함을 거침없이 드러낸다. 그러나 그 노출은 부끄러움이 아니다. 그것은 신성과 인간성의 극적인 대비이며, 동시에 위대한 예술적 조화의 경지다.

예를 들어, 인간의 경건과 신의 사랑, 인간의 신뢰와 하나님의 구원, 이 모두는 성경 속에서 진지하게 다루어진다. 룻이 있고, 아가서가 있다. 순수한 사랑과 겸손한 여인이 있다. 예수의 어머니 마리아가 있고, 그녀의 깨끗한 잉태 immaculata conceptio 이야기가 있다. 사랑과 여인에 대한 품격 있는 이야기도 있다. 물론, 성경 속에는 인간의 추악함도 존재한다. 종종 악의 군상들이 펼쳐진다. 그러나 그것은 오히려 배경이다. 하나님의 거룩함을 더욱 또렷이 보여주기 위한, 어둠 속 빛의 윤곽을 더욱 도드라지게 하는 캔버스다.

이 모든 것은 하나의 목적을 향한다. 다시 강조하건대 기독교의 진짜 목적은 기독교가 아니다. 그것은 하나님, 그리고 예수 그리스도요, 하나님 나라의 표출이다.

57
기독교의
영적 위계질서

본래 기독교의 목적이야말로 거룩하며, 따라서 그 목적을 향산 수단 또한 정당해야 한다. 현실 기독교의 잘못과 심지어 타락을 비판하는 이들이 기독교를 경멸하는 것은 당연하다. 지금 우리는 예수 복음과 진리의 빛 아래에서, 기독교를 처절하게 성찰해야 한다.

기독교가 말하는 진리는 단순히 인간의 실험에서 온 것이 아니다. 우리가 믿는 예수의 진리는 계시를 통하여 주어진 진리라고 확신한다.

어느 종교든 일정한 발전 단계에 이르면, 가장 신중하고 지혜로운 이들이 그 종교가 걸어가야 할 길을 제시한다. 기독교는 그 길을 하나의 실험 결과로서가 아니라 계시된 진리로 제시한다. 그런데 인간이 그 종교가 지닌 영원히 가치를 실험하고 비판하고, 이로 인해 종교의 진리가 여전히 유동적 상태에 머무르는 것은 혼란을 낳을 수 있다. 이 무질서를 방지하기 위해 기독교는 두 가지 기둥을 세운다.

그 중 하나가 바로 "계시"다. 이 말은 기독교를 통해 예수가 말하는 진리는 인간의 생각이나 노력의 산물이 아니라 하나님으로부터 온 것이라는 선언이다. 즉 이 진리는 하늘로부터 내려온 완전한 선물이다. 둘째는 기독교를 지탱하고 있는 "사랑"이다. 기독교는 하나님의 사랑은 태초부터 존재해 왔다는 믿기에 이를 의심하는 것은 기독교의 존립을 위협하는 것이다.

기독교의 권위는 예수 진리에 대해 순종하고, 이것이 습관이 되고 본능이 되도록 하는, 가장 고귀한 지향에서 비롯된다. 계시된 진리대로 사랑의 삶이 체화되도록 하는 것, 이것이야말로 기독교가 지향하는 성화이며, 인간 완성의 길이다.

기독교를 존재하게 하는 예수 그리스도의 진리는 그 자체로 이미 완전하며, 더 이상의 보완이 필요 없다. 그것은 진리의 최종 형태라 확신하기 때문이다.

이런 진리와 사랑이 지탱하는 기독교는 자연의 창조 질서를 바탕으로 모든 이에게 고유한 자리를 허락한다. 그럼에도 현실 기독교 안에는 카스트 제도 보다 더 강한 카스트 문화 존재한다는 것은 비극 중의 비극이다.

기독교의 영적 위계는 이렇다. 기독교의 가장 위에 있는 자들, 곧 '영성 수도자'들이다. 그들은 자기 자신을 극복하는 데서 기쁨을 느낀다. 영성수련은 그들의 본성이 되고, 필요가 되며, 본능이 된다. 그들은 힘든 수행의 과정을 특권으로 여기며, 다른 사람들을 섬기며 희생하는 것을 오히려 휴식(쉼)이라 여긴다. 배움조차 그들에는 중요한 수행의 한 형태이다.

이들은 기독교인의 유형 중 존귀한 자들이다. 동시에 가장 유쾌하고, 가장 사랑스러운 자들이다. 그들은 지배를 추구하지 않으며, 존재 자체로 살아간다. 이들의 영성으로 인해 기독교는 계속 정화되며, 성숙하게 된다.

그다음 직분은 '사제 직분'이다. 이들은 하나님 말씀의 수

호자들이며, 교인들을 사목하는 목회자들이다. 이들은 성경 말씀을 전문적으로 연구하며 설교하는 사람들로 구성되며, 목사나 신부는 이들 무리 중의 최상위 표현이다. 그는 설교자이며, 교육자, 위로자이다. 이 두 번째 직분자들 또한 현장에서는 예수의 사랑을 실천하는 '실행자' 역할을 한다. 그들은 예수의 십자가를 짊어지는 자들로서, 곧 예수의 제자들이며 동역자들이다.

세 번째 계층은 '평신도'다. 삶은 고도로 올라갈수록 점점 고난과 책임이 더해진다. 영성 깊은 기독교의 내부구조는 피라미드 형태이기에 보다는 넓은 기반 위에서 잘 세워질 수 있다. 따라서 건강한 기독교가 되기 위해서는 평신도의 튼튼하고 건강한 통합이 반드시 전제되어야 한다. 케리그마, 코이노니아diakonia(친교), 디다케didake(교육), 디아코니아diakonia(섬김), 그리고 미시오missio(선교) 등 교회의 모든 활동은 영성수도자나 사제들뿐 아니라 일정 수준의 영성과 희망을 지닌 평신도들에 의해만 지속 가능하다.

우리는 평신도의 영적 권위를 과소평가해서는 안 된다. 또한 평신도 존재 자체를 반대하거나, 혹은 무시하는 것은 예수의 정신을 모욕하는 것이다. 높은 예수영성을 위해서 평신도를 더 섬세하게 목회하는 것이 필연적 의무이다.

세 가지 유형의 구분과 각 유형의 영적 권위를 인정하는 것은 기독교를 보존하고, 더 소중한 교회 공동체를 형성, 유지하기 위한 필수 조건이다. 세 유형 사이에는 그 어떤 벽이나 계급이 형성되어서는 안된다. 왜냐하면 이 모든 것은 자의적으로 만들어진 것이 아니다. 예수와 그를 따랐던 제자들, 그리고 십자가 사건 이후에 형성된 '에클레시아'에 임한 하나님 영靈의 산물이기 때문이다.

직분은 계급이나 계층이 아니다. 그것은 하나의 영적 질서이며, 이는 영성의 최고 법칙을 공식화하는 것이다. 그 외 교회 공동체의 다른 형태의 조직이나 규범 혹은 도덕은 기독교를 유지하기 위한 인위적인 것이며, 때로는 이것이 기독교의 신앙을 파괴하는 걸림돌이 되기도 한다.

세상의 빛으로서 역할을 감당하기 위해, 이 세 유형은 유기적으로 결합되어 각자의 역할을 잘 감당할 수 있는 영성을 함유해야 한다. 이 세 유형의 기독교인의 행복은 자신 하나님의 도구로 사용된다는 확신과 실재감으로 누리는 기쁨과 만족의 상태다. 이를 위해 적어도 한 가지 하나님으로부터 받은 은사(카리스마)를 실현하고자 하는 마음은 하나의 신앙 본능이다.

내가 오늘날 가장 혐오하는 자들은 누구인가? 성직을 하나의 직업으로, 사욕의 도구로 삼는 자들이다. 이들은 사람들이 지닌 작은 삶에 만족하고 기뻐할 수 있는 본능과 감각을 파괴하고, 시기심을 가르치며, 경쟁을 주입한다.

진리를 드러내야하는 기독교의 거룩한 목적이 있음에도 불구하고, 그것을 망각하고 기독교를—유대교 사제들이 그러했듯이—자신의 권력과 지배 수단으로 활용하는 모리배들이나, 이익을 취하려 교회의 이름으로 순진한 기독교인들의 피를 빨아먹는 거머리 같은 인간들이 존재한다는 것은 참으로 개탄할 노릇이다.

만약 예수를 사랑한다면 '그런' 기독교와 목사를 경멸하는 일을 피할 수 없을 것이다. 율법과전통을 하나님과 예수 그리스도보다 우선시하는 모순된 언변으로 기득권을 유지하는 사제의 모든 행태를 결코 지나쳐서는 안 된다.

58
기독교의
신성한 거짓말

　기독교의 '신성한 거짓말' 중에서도 가장 무섭고 파괴적인 것—그것은 바로 '기독교를 믿어야 구원받는다'라는 말이다. 그런데 그것으로도 모자랐던가? 그에 더하여, 두 번째 거짓말 중의 거짓말이 있다: "예수를 주라 입으로 고백하면 '무조건' 모두 구원받는다."

　이 얼마나 위대한 거짓말인가! 이 한 문장으로 지금도 얼마나 많은 '거짓 기독교인'들이 쏟아져 나오고 있는가! 그것은 통탄할 노릇이요, 영혼의 타락을 제도화한 신성모독이다. 간략하게나마, 그러나 날카롭게, 우리는 이 거짓말들을 해부하지 않을 수 없다.

이미 언급했듯, '기독교'는 예수 그리스도의 구원에 이르는 길을 '제시'할 뿐이다. 기독교 자체는 믿음의 대상이 될 수 없다. 하나의 종교일 뿐이다. 하나의 조직일 뿐이다. 하나의 기구요, 종교 문화적 장치일 뿐이다. 그런데도 "기독교를 믿으면 구원받는다"라고 말하는 이들은—그 말로 기독교와 예수를 동격으로 만들며—신앙을 신격으로 바꾸는 '이단적 언어'를 퍼뜨리고 있다.

우리는 '기독교를 믿는다'는 것과 '예수를 통해 하나님의 구원을 받는다'는 사실을 인식론적으로, 그리고 신앙적으로 분명하게 구분해야 한다. 모호함은 지옥의 문을 연다.

또 다른 거짓말은 그보다 더 깊은 병이다. "내가 예수를 믿는다'라고 입으로 말만 하면 구원받는다"라는 이 억지 믿음이야말로, 기독교를 심각하게 병들게 하고 있다. 믿음은 말이 아니라 실존이다. 말은 시작일 뿐이다. 그 자체로 구원을 이룰 수 없다.

하나님의 구원은 "값싼 구원"이 아니다. 공중 목욕탕에서 씻듯 얻는 그런 구원도 아니다. 그 따위 신앙은 "너희 구원을 두려움과 떨림으로 이루라"는 말씀을 정면으로 배반하는 짓이다.

'우리가 예수를 믿음으로 말미암아 구원받았다'는 말, 그것은 오직 믿음의 실천이 따를 때만 정당한 고백이 된다. 그러나 목사들은 이 거짓말을 감추기 위해 더욱 정교한 계략을 만들었다. "누구든지 하나님의 영이 아니면 예수를 주라 고백할 수 없다"—그들은 이 말씀을 교묘하게 연결했다. '말만 하면 된다고? 입으로만 고백하면 그 자체로 성령의 역사라고?' 이 얼마나 황당한 논리의 어처구니 없는 결론인가!

그렇게 '영혼 없는 고백'으로 이루어진 구원이 존재한다면 예수는 십자가에 달릴 필요가 없었다. 이 거짓 교리, 이 값싼 언어가 하나님의 구원을 똥값으로 만들었다. 그 결과, 우리는 '무늬만 기독교인'인 유령들로 가득 찬 교회를 갖게 되었다. 그들을 양산한 이들이 지금 어디에 있는가? 이 현실을 떠올릴 때마다 가슴이 아프다.

예수와 사도들은 이미 이 사실을 알고 있었다. 이 거짓말이 떠다닐 줄 알고, 미리 말씀하시고 기록해 두셨다. 이 얼마나 다행인가? 그러나 거짓 선지자들은 그 말씀 앞에서 눈을 감았다. 그들은 진실을 말하기를 두려워한다. 그러나 이것은 예수의 직접적인 말씀이다. 그러니, 설령 목에 칼이 들어와도 우리는 말해야 한다:

> 거짓 선지자들을 삼가라 양의 옷을 입고 너희에게 나아오나 속에는 노략질하는 이리라… 그들의 열매로 그들을 알지니… 아름다운 열매를 맺지 아니하는 나무마다 찍혀 불에 던져지느니라… 나더러 주여, 주여, 하는 자마다 천국에 들어갈 것이 아니오… 내가 너희를 도무지 알지 못하니 불법을 행하는 자들아, 내게서 떠나가라.(마태복음 7장 15-23절)

이 말씀이 살아있는데, 도대체 삯꾼 목사들은 무엇을 위해 이 비린내 나는 거짓말을 계속 흘리고 있는가? 그들은 기독교를 파괴하려는 것인가? 예수를 또 한 번 십자가에 못 박으려는 것인가?

그들은 말한다, "전도와 선교를 위해서"라고. 그러나 예수가 언제, 어느 종교의 확장을 위해 죽었는가? 예수는 유대교도 기독교도 확장하려 하지 않았다. 그가 전한 복음은 종교인의 수를 늘리는 기획이 아니었다. 그들의 신앙은 신앙이 아니다. 교만이며, 기만이다. 그것은 예수의 삶, 죽음, 부활을 무시하는 본능이다. 이런 병든 기독교 역사의 사례는 차고 넘친다.

예수는 인간의 행복을 회복시키기 위해, 하나님과 인간 사이에 막힌 담을 허물기 위해 자신의 몸을 파괴하고 생명을 다하는 희생적 삶을 살았다. 그로써, 행복이 반복되고, 지속되고, 영구화되는 '하나님 나라'의 희망을 우리 현실 속에 드러내셨다.

오랜 세월 동안 예수를 따르는 무리는 고난 가운데 이 구원과 행복을 재현하고, 다시 체험하며, 풍요롭고 완전한 생명을 얻었다. 그러나 거짓 기독교는 달랐다. 그들은 하나님 나라를 유폐시키고 박제화시켰다. 예수가 말한 하나님 나라의 수확을 더럽혔다. 예수의 이름으로 사기를 치는 자들이다.

저 청동보다 단단하던 로마제국을 무너뜨린 건 조직된 기독교가 아니었다. 로마의 신학은 더 화려했고, 조직은 더 정밀했으며, 문화는 더 강고했다. 로마인이 보기에 예수 공동체는 비루한 아마추어였다. 그러나 로마가 기독교에 손을 들 수밖에 없었던 것은 오직 하나, 신실한 '예수 무리의 삶' 때문이었다.

그들은 탄압 속에서도 선한 영향력을 끼쳤다. 삶의 의미를 회복시켰다. 사랑의 힘이 로마의 검을 이겼다. 로마는 겉으론 위대했지만 속은 썩고 있었다. '회칠한 무덤'이었다. 예수를 따르는 무리는 여기에 생명을 불어넣었다. 그들은 당시 로마의 신학자나 지도자보다 더 위대했고 더 순수했다.

"영원한 모습sub specie aeterni"으로 남을 것 같았던 로마는, 이 보잘 것 없어 보이는 적은 무리에게 굴복했다. 그들은 서두르지 않았다. 아니, 서두를 수 없었다. 그들은 서서히, 그러나 분명히 사람들을 바꾸기 시작했다. 진실로, 사랑으로, 생명으로. 생명을 담보로 한 신앙의 진지함, 그 내면의 확신, 영혼의 긍지가 사람들을 흔들었다.

성만찬을 통해 드러나는 '신비로운 결합unio mystica', 죄 없는 예수의 희생, 하나님 나라의 실현, 진실한 예배, 이 모든 것이 로마인들의 영적 갈증을 자극했다. 그러나 무엇보다도, 증오를 이기는 사랑의 본능. 그 힘은 그들에게 도전이었다. '누가 사자에게 몸이 찢기며 기쁨의 얼굴을 유지할 수 있는가?' '저 지하의 카타콤에서 어떻게 그런 신앙을 지킬 수 있었는가?' 의문은 마음의 문을 열었고, 새로운 믿음이 그 안으로 들어섰다.

이 새 역사를 연 이는 종교 조직이 아니라 '예수 믿음을 지닌 사람들'이었다. 그리고 그 기반을 마련한 위대한 천재, 바울―그를 결코 가볍게 보아선 안 된다.

바울은 '세계적인 불길'을 일으킨 '불씨'였다. 그의 증언, "십자가의 그리스도", 그것은 폭발적인 신앙의 힘이었다. 그는 '역사적 예수'가 어떻게 '살아 있는 그리스도'인지 설명했다. 이성으로, 신앙으로, 진리로. 그는 탁월한 증인이었다. 그는 예수 그리스도의 종이었고, 세상의 지식을 똥이라 여기며, 그리스도의 지혜와 힘으로 살고자 한 자였다.

그는 화해를 믿었다. 이 세상과 하나님 나라, 남자와 여자, 주인과 종, 정치와 민중, 이 모두를 하나로 묶는 복음의 능력을 믿고 실천했다. 오늘날 기독교를 "바울의 기독교"라며 비난하는 자들, 그들은 환원주의에 빠져있다. 그들은 오히려 기독교 개혁의 의지를 꺾으려는 자들이다. 왜냐하면, 바울은 그런 기독교를 말하지 않았기 때문이다.

59

도둑맞은 길

하나님을 모르는 자들. 알면서도 역사의 큰 그림 속에서 하나님의 섭리를 읽어내지 못하는 자들. 아니, 보기를 거부하는 자들. 눈먼 기독교인들을 인도하는 또 다른 소경들—그들이 곧 오늘날의 목사들이다. 한 번이라도, 단 한 번이라도, 로마 기독교의 탄생을 정직하게 들여다보았더라면, 그 찌꺼기들을 마치 성찬이라도 되는 양 향유하지는 않았을 것이다.

하나님은 고대 세계의 모든 토대와 길을 통해 '예수'라는 이름을 이 세상에 알리셨다. 그 예비 작업은 단지 몇 해의 바람이 아니었다. 그것은 수천 년의 시간과 화강암처럼 단단한 인류 의식의 심층에서 다져진 기초였다. 그리스인들은 왜 존재했는가? 로마인들은 무엇 때문에 존재했는가?

비판하라. 아전인수격이라 말하라! 그러나 기독교에 그 모든 문명은 예수 그리스도의 하나님 나라 선포를 위한 길이었다. 그것이 진실이다.

그곳에는 학문이 있었고 문화가 있었다. 과학적 방법은 이미 존재했고, 독서법과 철학적 전통, 학문의 통일성 또한 존재하고 있었다. 자연과학은 수학과 역학과 손을 잡고, 최고의 길을 걷고 있었다. 실재감, 가장 궁극적이고 고귀한 감각. 그것은 단지 느낌이 아니라 실제 학파였다. 수백 년의 전통이었다.

이것을 이해하는가? 기독교가 발전, 성숙하기 위한 본질적인 방법이 이미 준비되어 있었다. 이 사실을 아무리 강조해도 지나치지 않는다. 왜냐하면 '방법'이란 본질이면서도 가장 어렵기 때문이다. 그 방법은 오랜 적, 즉 습관과 게으름과 싸워야 한다. 우리가 오늘 필요로 하는 자제력, 실재에 대한 투명한 시선, 조심스러운 손길, 사소한 것에 깃든 인내와 진지함, 인식의 온전함, 이 모든 것들이 이미 있었다. 2천 년도 훨씬 전이다. 그리고 그 위에는 더 섬세하고, 더 훌륭한 배려와 취향이 있었다! 두뇌 훈련이 아니다! 이것은 기독교가 선용할 수 있었던, 아니, 선용했어야만 했던 절호의 기회였다.

그러나 그 좋은 길을 우리는 어떻게 걸었는가? 아니, 그 길은 결국 무엇이 되었는가? 그리스인의 직관과 탐구, 로마인의 조직과 통치의 재능, 믿음, 인간의 미래에 대한 긍정—이 모든 감각에 드러났던 위대한 긍정을, 결국 기독교 어떻게 다뤘는가? 기독교는 그것을 진리의 형식으로, 삶의 형식으로 삼았는가? 아니면, 고통에 중독된 트라우마적 의식으로 권력의 맛에 취해 악용했는가? 혹은 그렇게도 아니고, 저항도 없이 세속에 동화되어 버린 채 타협의 습관을 길들였는가?

하나님이 마련한 이 위대한 기회를 통해 기독교는 외형으로는 번성했는지도 모르나, 내면에서는 그때부터 타락을 시작했다. 그것은 팽창이 아닌 붕괴였다.

로마문화는 기독교에 의해 병합되었다. 아니, 더 정확히 말하면, 정복당했다. 그러나 이 승리는 정화의 승리가 아니었다. 로마의 기독교 공인으로 교부들과 새로운 성직자 계급은 더욱 영악해졌고, 교회는 점점 더 부유해졌으며, 결국 사회권력 기구로 자리 잡는 데 가장 큰 관심을 두었다. 그 씨앗은 오늘도 여전히 교회 강단에서 뿌려지고 있다.

하나님이 예수의 사랑과 평화의 복음을 위해 닦아 놓은 그 길. 그 길은 훗날 자기 이익과 이웃 문화에 대한 침략의 발판으로 전락해 버렸다.

60
칼, 십자가, 그리고 문명의 붕괴

　결국 기독교로 인해 로마와 그리스 문화는 하향 평준화되었다. 고귀했던 문화는 눌리고, 예민했던 취향은 무뎌졌고, 삶의 형식은 쇠락했다. 거기서 끝나지 않았다.
　기독교는 이슬람 문화의 수확마저도 빼앗아 갔다. 더 풍성했고, 더 감각적이며, 더 인간에 가까웠던 문명, 그리스 로마를 넘어서서, 감각과 취미가 충만했던 스페인의 무어인 문화. 그것은 경이였다. 그러나 결국 그 찬란한 문명은 짓밟혀 쓰러지고 말았다. 기독교라는 이름 아래에서.

　십자군의 시대. 그것은 단순한 종교 전쟁이 아니었다. 기독교가 타 문화, 이웃 종교를 향해 퍼부었던 광신적 말살 정책은, 참 신앙이 아니라 왜곡된 신앙의 실천이었다. 그들은 하늘나라가 아닌 전리품을 원했다. 동양은 부유했으니까. 그러므로 십자군 원정은 고급 해적질이었다. 결코 그 이상도, 그 이하도 아니었다. '하나님의 영광'이란 이름의 도금 위에, 탐욕과 강탈의 손길이 적나라하게 새겨져 있었다.

독일 기사 계급, 그 본성은 결국 해적질에 맞닿아 있었다. 영혼이 아니라, 약탈에 충실했던 사람들, 그리고 이들을 품은 곳, 그것이 바로 교회였다. 독일이 신학과 교회의 주도국이 될 수 있었던 것은 우연이 아니었다. 어떻게 독일 귀족들을 수중에 넣을 수 있을지를 교회는 알고 있었다. 너무도 잘 알았기에, 그들을 요청했고, 이용했고, 보상했다. 칼과 피와 용기를 끌어다 썼다.

독일 귀족들은 항상 교회의 '문지기'였다. 교회의 온갖 나쁜 본능에 봉사하면서도, 그들은 언제나 보수를 받았다. 교회는, 독일인의 칼과 피와 용기의 도움을 받아, 지상의 고귀한 것들—예술, 자유, 감각, 인간—그 모든 것을 원수처럼 대했다. 신의 이름을 도용한 전쟁은, 결국 인간의 위대함과 싸우는 전쟁이었다.

61
"예수 르네상스"를
꿈꾸며

지금도 기독교는 르네상스 문화에 대척점에 서 있어야 하는가? 여전히 그 찬란한 문화의 적이어야 하는가? 유럽이 거두어야 했을 마지막 위대한 문화적 수확을 기독교가 갈취했다는 이 평가는, 우리는 어떻게 받아들여야 하는가?

그러나 그보다 먼저 기독교에게 묻는다: 르네상스를 이해하고자 하는 의지가 그 안에 존재하는가? 르네상스는 당시 기독교적 가치의 전도였는가? 모든 수단, 모든 본능, 모든 천재를 동원하여 그 반대 가치, 고결한 가치를 승리에 이르게 하려던 시도였는가? 표면적으로는 그렇다. 그러나 본래 예수의 정신으로 돌아가서, 당대 천박했던 기독교를 생각한다면, 오히려 르네상스야말로 하나님의 피조물인 인간의 가치를 되살린 문화 실천이었다.

르네상스는 위대한 싸움이었다. 그것은 허약해진 기독교의 지적, 문화적 토양을 새롭게 하는 운동이었다. 물론 그 과정에서 기독교의 폐부를 정통으로 찔렀다. 정확히. 아프도록. 그러나 어쩌겠는가? 그것은 예수 없는 기독교에 가해진 수술 칼날이었다.

이제 우리는 기독교가 아니라, "예수 르네상스"를 말해야 할 때다. 그동안 세속주의에 대한 편협한 이해 속에서, 문화와 역사 속에서, 반문화적인 태도로 일관해 온 기독교, 특히 개신교, 이제 새로운 인간 문화와 과학의 발견 앞에서 길을 터줄 '예수 르네상스'를 어떻게 시작할 것인가?

내가 말하는 "예수 르네상스 Jesus Renaissance"는 종교화되고 제도화된 기독교를 넘어서, 예수의 삶과 그의 혁명적 메시지를 중심에 놓고 신앙과 문화를 새롭게 구성하려는 총체적인 예수운동 이다. 나는 내 눈앞에 펼쳐질 예수 르네상스 안에 있는 최고의 매력과 찬란함을 바라본다. 그것은 온갖 떨림 속에서도 세련된 아름다움으로 반짝인다. 그 안에는 신성하고, 동시에 너무도 인간적인 예술이 작용하고 있다.

내가 보는 '예수 르네상스'는 하나의 찬란한 광경이다. 너무 의미심장하고, 동시에 너무 신비롭게 역설적이다. 그 모습은 하나님께서 보시고도, 영원히 그치지 않는 환희에 찬 웃음을 터뜨리실 만큼 좋다. 바로 이것이 오늘날 내가 바라는 참다운 기독교의 모습이다. 그것은 예수의 승리다. 그리고 '가짜 기독교'는 마른 지푸라기처럼 불태워지고 말 것이다.

여기서 우리는 독일인 수도승 마르틴 루터를 잊지 말아야 한다. 그는 잃어버린 예수 믿음의 좌표를 되찾았고, 기독교의 원천을 드러내는 거대한 사건을 일으켰다. 루터는, 더 이상 기독교가 오래된 부패와 '원죄'peccatum originale로 지속되지 않도록 교회를 회복시켰다. 그가 시도한 것은 단지 교황제도의 타락을 고발하는 일이 아니었다. 그것은 인문 르네상스를 넘어서 '예수 르네상스'로 향하는 새출발이었다.

한편, '오직 믿음'과 '오직 성경'을 외치며, "의인은 믿음으로 산다"라는 위대한 광석을 캐낸 그의 선언은 종교를 넘어 삶에 대한 근원적 긍정이었다. 그것은 복음 이전의 인간 본성에 대한 긍정, 하나님 앞에 있는 '존재의 진지함'에 대한 회복이었다.

나는 고백한다. 그들, 짝퉁 기독교 문화들, 거짓 목자들, '예수 없는' 붕어빵 기독교인들—그들이 바로 나의 적들이다. 물론 원수도 사랑해야 한다. 그러나 사랑하려면 먼저 원수가 누군지 정확히 알아야 하지 않겠는가!

나는 그들이 가진 온갖 개념과 가치의 불결함을 경멸한다. 나는 모든 성실 앞에서, 모든 '예'와 '아니요' 앞에서, 그들이 보여준 온갖 비겁함을 경멸한다. 그들은 수백 년 동안, 자신들의 입맛에 맞지 않는 것들에 대해, 온갖 소문을 퍼뜨리며 혼란을 일으켜 왔다.

그들에게 '양심'이란 있다 해도, 절반밖에, 아니, 3/8밖에 없는, 철저히 비겁하고, 미지근한 중간상태다. 그 때문에 기독교가 병들어 있다. 그들은 그 반쪽짜리 양심 위에, 가장 불결한 기독교, 가장 치료하기 어렵고, 가장 반박하기 힘든 맘몬주의를 새기고 있다. 그것은 교회의 탈을 쓴 탐욕이다.

62

예수혁명을 희망하자!

이제 나는 결론에 도달했기에, 나의 판단을 말한다. 나는 예수 그리스도의 이름으로 "예수 없는 기독교"와 "짝퉁 기독교"에 유죄를 선고한다. 그리고 그에 대한 비판은, 지금까지 어떤 비판자가 입에 담았던 것보다 혹독하다. 결국 그 기독교는 거침없이 탄핵당할 것이다.

그런 짝퉁 기독교, 하나님의 눈으로 볼 때, 그 교회와 그 구조는 생각할 수 있는 온갖 부패 중에서도 가장 완전하게 부패한 집단이며, 부패 중에서도 가장 궁극적인 부패의 의지를 품고 있는 존재다. 니체의 말대로 그런 기독교 교회가 타락의 손길을 대지 않고 그냥 지나친 대상은 거의 없다. 손이 닿는 곳마다 진실이 부식되었고, 심장이 닿는 곳마다 진리가 오염되었다.

그들은 모든 가치를 무가치로 만들었고, 모든 진리를 거짓으로 바꾸었으며, 모든 성실함을 영혼의 비열함으로 타락시켰다. 나는 이런 기독교를 기소한다. 나는 니체의 정신을 따라 이렇게 기록한다:

> 나는 이런 기독교를 하나의 커다란 저주라고 부른다. 하나의 커다란 내면적 타락, 하나의 커다란 복수 본능이라고 부른다.

그런데도 사람들은 여전히 나에게 교회의 "인도주의적" 활동과 축복에 관해 이야기를 늘어놓는다. 그러나 나는 안다. 그들에게 인간의 불행은 자선이라는 이름의 자기 과시 대상일 뿐이었다. 그들은 결코 불행 자체를 없애려 하지 않았다. 그것은 그들의 생존 논리에 맞지 않았고, 포교에도 도움이 되지 않았기 때문이다. 교회는 불행 덕분에 살아왔고, 스스로 영구화하기 위해 불행을 만들어왔다.

그러나 아직 때는 늦지 않았다. 우리는 대안과 희망을 품고 있다. 그 대안은 결코 어설픈 기독교의 자기반성과 느린 변화가 아니라, 철저한 예수 혁명이다. 그 혁명은 이미 이 역사 속에서, 부분적으로, 몇몇 개인과 공동체 속에서 일어난 바 있다.

예수의 사랑과 평화의 혁명이 그것이다. 이제 그 혁명이 다시 일어나야 한다. 악한 세력이 십자가 앞에 쓰러졌지만, 마지막 발악하고 있다. 우리는 그 마지막 고통에 예수혁명의 철퇴를 내려야 한다.

이 시대, 모든 종류의 불평등과 차별, 가난이 영속화되고 있는 이 현실이야말로 예수가 말한 하나님 나라의 삶을 가로막는 가장 큰 장애물이다. "하나님 앞에서의 평등"은 단지 영적인 관념이 아니라, 모든 삶의 영역에서 실현되어야 할 살아있는 덕목이다.

예수의 말씀은 이 시대의 단단한 거짓의 산을, 허위와 가식의 바위를 깨부수는 망치다. 예수를 따르는 이들은 어떤 대가를 치르더라도 인간성 안에 숨어 있는 자기모순과 자기 모욕의 기술, 거짓 의지를 불태워야 한다. 그리고 모든 선하고 솔직한 본능에 대한 반감과 경멸을 불살라야 한다. 그래야만 하나님의 축복이 임할 것이다.

교회는 현실에 뿌리내리며, 실제 삶에 살아 있는, 삶의 나눔이 있는 영성 깊은 에클레시아가 되어야 한다. 교회의 유일한 실천이 되어야 할 디아코니아, 곧 섬김의 실천은 삶 속에 사랑과 희망을 가져오고, 현실을 대면하려는 의지를 통해 '내세'의 가치를 다시 회복시켜 줄 것이다.

십자가는 하나님의 사랑을 가장 명료하게 드러내는 표식이 되어야 한다. 그것은 아름다움, 좋은 품성, 용기와 영성, 나아가 영혼의 선함에 호의적인 것, 고난 속에서도 삶 자체를 긍정하는 최고의 상징이다. 고난을 감내하는 사랑만이 기독교를 심오하게 만든다.

나는 예수와 기독교를 구분할 줄 아는 지혜를 가진 사람으로서, 기독교에 대한 올바른 변론과 정당한 비판이 자유로운 사람으로서, 죽을 때까지 변호할 것은 변호하고 기소할 것은 기소할 것이다.

기독교가 '하나의 큰 저주'가 아니라, 위대한 축복의 종교가 되기 위해, '거대한 타락'이 아니라 구원의 길로 나아가기 위해, 하나의 복수 본능이 아니라, 위대한 사랑의 종교가 되기 위해, 기독교가 마침내 예수의 종교로 변화되도록 사랑의 의지를 발동하리라!

더 이상 기독교가 인류의 영원한 오점汚點으로 남지 않기 위해서, 우리는 '기독교인'이기 이전에, 먼저 예수를 믿고 따르는 그리스도인이 되어야 한다.

우리는 새로운 피조물로서 하루하루를 하나님 나라의 새날로, 예수 원년으로 삼으며 살아야 한다. 예수 복음이 지닌 가치 전도傳道의 참뜻이 밝혀진 오늘부터!

PART III

니체는 이렇게 말했다

1
신은 무엇인가?

신들은 다음과 같은 두 가지 중의 하나다. 즉 힘에의 의지 Wille zur Macht이든가—이러한 경우에 그들은 여전히 한 민족의 신들이다.—아니면 힘에 직면하여 무기력하다.—이러한 경우에 그 신들은 필연적으로 선량해질 것이다.

유일신 사상, 하나의 표준적인 인간형에 관한 완고한 가르침, 그 옆에서 다른 신들은 고작해야 사기나 치는 거짓된 존재일 수밖에 없는 하나의 표준적인 신에 대한 믿음, 이것은 아마도 인류가 지금껏 직면했던 위험 중 가장 큰 위험일 것이다. 인류는, 우리가 볼 수 있는 한 다른 동물종들은 이미 오래

전에 도달한, 때 이른 정체 사태에 빠져 위협받고 있다.

늙은 신들은 이미 오래전에 최후를 고했다. 그리고 정말로 늙은 신들은 선하고 즐겁게 신적인 종말을 맞지 않았던가! 그 신들이 죽음을 맞아 '으스름 속으로 사라진' 것은 아니었다. 그것은 어쩌면 거짓말일지도 모른다! 그 신들은 너무 웃다가 죽음을 맞이한 것이다! 그 죽음은 신을 가장 부정하는 말, 즉 "하나의 신만 존재한다. 나 말고 다른 신은 섬겨서는 안 된다!"라는 말이 어떤 신에게서 나왔을 때 일어났다.

신은 죽을 수밖에 없었다. 사람들이 깊은 속내와 바탕을, 은폐된 치욕과 추함을 남김없이 보고 말았으니, 호기심 낳고 주제넘은 자, 동정하는 마음이 너무 깊었던 자는 죽어 마땅했다.

신은 추측일 뿐이다. 나는 그대들의 추측이 그대들의 창조하는 의지를 뛰어넘어 앞서 달리는 일 없기를 바란다. 그대들은 신을 창조할 수 있다고 생각하는가? 창조할 수 없다면 신에 대해 말하지 말도록 하라. 하지만 그대들은 초인을 창조할 수 있을 것이다. (...) 신은 추측이다. 하지만 나는 추측이 그대들 사유의 범위 안에 한정되기를 바란다.

하나님이 인간이 된 것은 인간이 자신의 천국을 영원한 내세에서 구하는 것이 아니라 지상에 건설하려 함을 보여준다. 그러나 천상의 세계에 대한 환상 때문에 인간의 영혼은 현세의 삶과 잘못된 관계를 맺게 되었다. 이러한 환상은 사람들의 유아기적 산물이다.

상승하는 삶의 전제조건들인 강하고, 용감하고, 권세 있고, 긍지 있는 모든 것들이 신神 개념에서 제거된다면, 지친 자들을 위한 지팡이. 물에 빠진 자를 위한 구조대라는 상징 속으로 신개념이 한 걸음씩 침몰해 가고 더할 나위 없이 par excellence 가난한 자들의 신, 죄인들의 신, 병자들의 신이 된다면, '구세주', '구원자'라는 술어가 유일한 신의 술어 자체로 남게 된다면, 그런 종류의 변화는 우리에게 무엇을 말해 주는가? 신성이 그런 식으로 제한된다는 것은?

기독교의 신개념―병자들의 신으로서의 신, 거미로서의 신, 정신으로서 신―은 이 지상에서 생겨난 신개념들 가운데서 가장 부패한 개념 중 하나이다. 이것은 아마 신의 유형의 하강적인 전개에 있어서 가장 낮은 수준을 표시해 주는 것이다. 신의 변신과 영원한 긍정 대신에 삶의 적대로 변질된 신!

삶에 대해, 본성에 대해, 의지에 대해 적의敵意가 선언되고 있는 신! '지금 여기'에 대한 온갖 비방의 공식으로서의 신, '저세상'에 대한 온갖 기만의 공식! 허무의 신격화로서의 신, 허무에의 의지의 신성화!

(기독교) 신은 인간의 죄 때문에 자신을 희생한다. 자신의 채무자에 대한 사랑 때문에, 채권자가 채무자를 위해 자신을 희생하다니! 인간은 자기에게 고유하고 자기에게서 분리할 수 없는 동물적 본능에 대한 최후의 대립자를 신에게서 포착해 냈다. 심지어 인간은 그런 동물적 본능 자체를 신에 대한 죄로 고쳐 해석한다.

"우리가 하나님을 죽였다!"

당신은 환한 오전에 손전등을 켜고 저잣거리로 달려 나와서 "나는 신을 찾고 있고! 나는 신을 찾고 있소!"라고 계속해서 외치는 미친 사람의 이야기를 들어본 적이 있는가? 거기에 있던 사람들은 대부분 신을 믿지 않았기에 그는 큰 웃음거리가 됐다. 그를 잃어버렸나 보지? 누군가가 말했다. 그가 아이처럼 길을 잃어버렸나? 또 다른 누군가가 말했다. 아니면 숨어 버렸나?

　그가 우리를 무서워하나? 배를 타고 항해를 떠났나? 다른 나라로 가 버렸나? 그들은 이렇게 소리치며 웃어댔다. 미친 사람은 그들 한가운데로 뛰어들어 꿰뚫듯이 그들을 노려보았다. "신이 어디로 갔냐고?" 그가 소리쳤다.

　"우리가 그를 죽였다—너와 내가! 우리가 모두 그의 살해자다! 하지만 우리가 어떻게 그런 짓을 했단 말인가? 어떻게 바닷물을 다 마셔버릴 수 있었단 말인가? 누가 우리에게 스펀지를 주어 저 모든 수평선을 지워버리게 했는가? 이제 우리는 어디로 향하고 있는가? 모든 태양으로부터 멀어지는가? 우리는 계속해서 추락하고 있지 않은가? 그리고 뒤로, 옆으로, 앞으로, 사방으로? 위와 아래라는 것이 아직 남아 있긴 한가? 우리는 무한한 무無를 통과하듯 방황하고 있지 않은가?

　신은 죽었다! 신은 죽은 채로 있다! 그리고 우리가 그를 죽였다! 우리, 모든 살인자 중에서도 살인자인 우리가, 어떻게 우리 자신을 위로할 수 있단 말인가?

우리는 무한한 무(無)를 통과하듯 정처 없이 헤매고 있지 않는가? 우리는 텅 빈 공간에서 호흡 곤란을 느끼는 것은 아닌가? 점점 추워지고 있지는 않은가? 아침에도 손전등을 켜야만 하지 않을까? 신을 묻을 무덤을 파는 자들의 소리를 아직 듣지 못했는가? 신이 썩어가는 냄새를 아직 맡지 못했는가? 신도 부패한다. 신은 죽었다. 신은 죽은 채 있다. 그리고 우리가 그를 죽였다.

살해자 중의 살해자인 우리는 어떻게 자신을 위할 수 있겠는가? 세상이 소유했던 모든 것 가운데서 가장 신성하고 막강한 것이 이제 우리의 칼 아래서 피를 흘리며 죽어갔다. 누가 우리를 적신 이 핏자국을 닦아 줄 것인가? 어떤 물로 우리를 정화할 수 있을 것인가? 어떤 속죄의 축제, 어떤 신성한 놀이를 고안해 내야 하는가? (신을 죽인) 이 행위는 우리가 감당하기엔 너무 위대한 것이 아닌가? 그것을 감당하기 위해서는 우리 자신이 신이 되어야 하지 않을까? 여태껏 이보다 더 위대한 행위는 없었다. 그리고 우리 뒤에 누가 태어나든 그는 이 행위로 지금까지의 모든 역사보다 더 고귀한 역사의 일부분에 속하게 될 것이다.

여기까지 말한 뒤에, 미친 사람은 입을 다물고 사람들을 바라봤다. 그리고 그들 역시 침묵한 채, 놀라움에 가득 찬 눈으로 그를 쳐다보았다. 마침내 그는 손전등을 땅에 내던졌고, 손전등이 부서지면서 불이 꺼졌다.

"나는 너무 일찍 왔구나." 그는 말했다.

"나의 시대는 아직 도래하지 않았다. 이 엄청나게 거대한 사건은 아직도 진행되고 있으며, 여전히 퍼져 나가는 중이다. 그것은 아직 인간의 귀에 도착하지 않았다. 번개와 천둥은 시간이 필요하다. 별빛도 시간이 필요하다. 행위도 그 행위가 행해진 뒤에 사람들에게 보이고 들리기까지는 시간이 필요하다. (신을 죽인) 이 행위는 가장 멀리 있는 별들보다도 훨씬 더 사람들에게 멀리 있다. 그들이 직접 그 일을 저질렀는데도 말이다.

같은 날 미친 사람은 여러 교회에 들어가〈신을 위한 영원한 진혼곡〉을 불렀다는 이야기가 전해졌다. 사람들이 그를 교회 밖으로 끌어내 침묵하게 할 때마다 그는 이렇게 응수했다고 한다.

"지금 교회들이 신의 무덤이나 묘지가 아니라면 무엇이란 말이오?'"

 사람들은 부처가 죽은 후에도 수 세기 동안 그의 그림자를 동굴에서 보여주었다. 거대하고 무시무시한 그림자를. 신은 죽었다. 그러나 인간이 지금의 상태에서 변하지 않는다면, 아마도 신의 그림자가 떠도는 동굴들을 수천 년 동안 계속해서 존재할 것이다. 우리는 그의 그림자 역시 정복해야만 한다.

2
예수, 성스러운 무정부주의자!

예수의 내면은 기지奇智, 평화의 복됨, 온화함, 적이 될 수 없는 능력으로 구성되어 있다.

그는 자신을 '신의 아들'로 느꼈다—모든 사람은 자신이 신의 아들이라고 느낄 수 있다.

조금 느슨하게 표현하자면, 예수를 일컬어 하나의 '자유정신'이라고 부를 수도 있으리라. 그는 고정된 것에 전혀 관심을 보이지 않았기 때문이다. 그가 유일하게 알고 있던 '삶'의 경험이란 개념은 그에게는 온갖 종류의 말, 공식, 법, 신앙,

교리와 대립하는 것이었다. 그는 오직 가장 내면적인 것에 대해서만 말했다. '삶', '진리' 혹은 '빛'은 가장 내면적인 것에 대하여 그가 사용한 말이다.

구세주의 삶이란 바로 이러한 것을 실천하는 것 외에 아무 것도 아니었다.―그의 죽음조차 역시 다르지 않았다……. 그는 하나님과 소통할 수 있는 어떤 형식도, 어떤 의식도 필요하지 않았다.―기도조차 불필요했다. 그는 모든 유대교적인 회개와 화해의 교설과는 관계를 끊어 버렸다. 그는 오직 삶의 실천만이 사람들로 하여금 스스로 '신적이고', '복되고', '복음적이고', 언제나 '신의 아들'로 느끼게 해주는 것이라고 알고 있었다. '회개'도 '용서를 비는 기도'도 하나님께 이르는 길은 아니다. 오직 복음적인 실천만이 하나님께 인도하며, 그 실천이 바로 '하나님'인 것이다.

이 성스러운 무정부주의자는 유대교의 최하층민, 추방자, '죄인들'을 일으켜 기존 질서에 반란을 일으켰다―그는 확실히 정치적 범죄자였다.

이 '기쁜 소식을 가져온 자'는 그가 산 방식대로, 가르친 방식대로 죽었다.―인간을 구현하기 위해서가 아니라, 사람은 어떻게 살아야 하는 가를 보여주기 위해서였다. 그가 인류에게 남긴 것은 바로 실천이었다.

재판관과 추적자, 고발자, 그리고 온갖 종류의 증상과 조소 앞에서 보여준 그의 태도―그리고 십자가 위에서 보여준 그의 태도, 그는 저항하지 않는다. 그는 자신의 권리를 변호하지 않는다. 최악을 피하려고 대응하지도 않는다. 오히려 그는 사태를 도발한다……. 그리고 자신에게 악을 행하는 자들과 더불어, 그들 안에서 간절히 기도하고, 괴로워하고, 사랑한다…….

저 히브리인은 너무도 일찍 죽었다. 그리고 그가 너무 일찍 죽은 것이, 그 이후 많은 사람에게 재앙의 불씨가 되었다. 예수는 아직 젊었다. … 그가 황야에 머물러 선하고 의로운 자들과 가까이하지 않았더라면 좋았을 것을! 그랬더라면 아마도 그는 삶을 배우고, 대지를 사랑하는 법을 배웠으리라. 그리고 웃음도! 그는 너무 일찍 죽었다. 만일 내 나이만큼 살았더라면, 그는 자진하여 자기의 가르침을 취소했을 것이다. 그는 그것을 취소할 수 있을 정도로 고귀했다.

그(예수)는 가장 흥미로운 데카당이었다. 도스토예프스키가 이 가장 흥미로운 데카당 근처에 있었다면 얼마나 좋았을까. 나는 그가 고귀함, 병듦, 유아성이 섞인 그 매혹적인 매력을 감지했을 거로 생각한다.

기독교란 오해다—사실, 단 한 명의 그리스도인이 있었고, 그는 십자가에서 죽었다.

예수는 너무 일찍 죽었다. 만약 그가 중년에 이르렀다면, 아마 그는 지상과 육체에 대한 경멸을 극복하고 초월에 대한 갈망에서 벗어나 자리를 잡았을 것이다.

3
교회는 영혼에 대한 폭정이다

교회는 정확하게 예수가 말한 것과 반대되는 도그마와 권위에 토대 위에 세워진 하나의 권력구조이다.

교회란, 병든 야만이 권력이 된 형태다. 교회는 모든 정직함, 영혼의 고귀함, 정신의 훈련, 고상한 인간성에 대한 치명적인 적대의 형태다.

교회는 현실과 아무 상관이 없다. 그것은 허구의 세계 속에 산다. 교회는 비이성의 조직이다.

나에게 교회는 생각할 수 있는 가장 극단적인 타락이며, 타락할 수 있는 모든 의지를 갖추고 있다.

교회는 삶의 부정이다. 그것은 약함과 복종, 자연 본능의 부정을 설교한다. 교회는 사람들을 지배하기 위해 '죄'와 '구원'이라는 개념을 발명했다. 교회는 인간을 비참하게 만들고 본능을 억압하는 잔혹성의 체계다. 교회는 진실을 거짓으로 바꾸고 현실을 환상으로 대체했다.

교회의 유일한 실천으로서의 기생충주의, 빈혈과 "신성神性"의 이상으로 삶에서 모든 피. 모든 사랑, 모든 희망은 다 빨아들여 고갈시키는 것, 모든 현실을 부정하려는 의지로서의 "피안". 십자가란, 지금껏 있었던 것 중 가장 지하적인 음모—건강, 아름다움, 좋은 바탕, 용감성, 정신, 영혼의 선량함에 적대적인 것, 삶 자체에 적대적인 음모의 인식표認識票였다.

교회는 죄와 싸우는 것이 아니라, 생명과 싸운다.

교회란 로마식 제국주의의 한 형태로, 복종을 강조하며, 로마에 있던 것과 같은 권력 본능을 지녔다.

교회는 인간을 타락시켰다. 그것은 인간을 병들게 함으로써 그렇게 했다. 교회는 언제나 그랬고 지금도 그렇다. 그것은 거짓의 심연이다.

교회가 원하는 것은 진리에 대한 믿음이 아니라, 교회에 대한 믿음이다. 교회는 지상의 모든 고귀한 것을 신성한 수단으로 공격한다.

"믿는다는 것은 진실이 무엇인지 알고 싶어 하지 않는다는 뜻이다." 교회는 이 문장 위에 세워졌다.

교회는 언제나 그래왔듯이 지금도 동일하다. 그것은 영혼에 대한 폭정이며, 감각에 대한 폭정이며, 자연에 대한 폭정이다. 교회는 다름 아닌, 자기들의 약함을 조직한 인간들의 조직이다.

성직자적 의식의 병리학

삶을 부정하고 비방하며 삶에 해독을 끼치는 것을 직업으로 삼고 있는 성직자를 고급 인간형으로 간주하고 있는 한,

진리란 무엇인가라는 물음에 대한 대답은 나올 수 없다. 무와 부정을 의식적으로 변호하는 자가 '진리'의 대변자로 통한다면, 이미 진리는 전도顚倒 되어버린 것이기 때문이다.

우리는, 우리의 양심은 오늘날 안다—사제(목사)와 교회가 만들어 낸 그 섬뜩한 발명품들이 어떤 가치가 있는지를, 그것들로 인해 인류가 자기 오염의 상태에 빠졌고, 그 광경은 혐오를 자아낸다—: '저세상', '최후의 심판', '영혼의 불멸', '영혼' 자체와 같은 개념들: 모두 고문 도구들이다,—사제가 지배자가 되었고, 지배자로 남게 한 잔혹성의 체계들이다.

신학자의 피를 몸 안에 가진 자는 처음부터 모든 일에 대해 뒤틀리고 정직하지 못한 태도를 보인다. 그리고 그러한 태도에서 전개되는 파토스pathos를 바로 신앙이라고 부른다. 치유 불가능한 기만의 모습에 고통받지 않으려고 자신에 대해서 맹목적으로 눈을 영원히 감아 버리는 것이다.

매사에 이런 잘못된 시각에서 도덕과 미덕, 신성함을 만들어 내고, 잘못 보는 것을 양심적인 것과 결부시킨다. 그리고는 자기의 시각을 '신'이라든가 '구원', '영원' 같은 이름을 들어 신성불가침한 것으로 만들어 버린 후에, 그 외의 다른 모든 시각은 더 이상 아무런 가치도 지니지 못하도록 요구하는 것이다.

신학자의 영향이 미치는 한 가치판단은 뒤집히고, '진실'과 '허위'의 개념도 필연적으로 뒤바뀌게 된다. 삶에 가장 해로운 것이 여기서는 '진실'이라고 불리고, 삶을 고양하고, 강화하고, 긍정하고, 정당화하며 승리하게 만드는 것이 여기서는 '허위'라고 불린다.

'거짓말할 권리'와 '계시'라는 은밀한 길은 일반적인 사제 유형에 속한다. '법', '신의 뜻', '성서', '영감'—모두 사제가 권력을 얻고 그것을 유지하는 조건들을 나타내는 말들이다.

성직자의 유산, 자기 자신을 기만하는 짓거리들은 특별히 놀랍지도 않아 보인다. 예컨대 인류를 개선하고 구체하고 구원한다는 신성한 사명을 지니게 되면, 신성을 가슴에 지니고 저세상에서 오는 명령을 전하는 대변자가 되면 이러한 종류의 사명으로 인해 사람들은 단순히 모든 합리적인 가치평가에서 벗어난다. 이러한 사명으로 그들은 스스로 이미 신성시

되고, 이미 더 높은 질서의 전형이 되어버린 것이다! 십자가에게 학문 따위가 무슨 소용이 있겠는가! 그들은 그 모든 것 위에 있는데, 더구나 지금까지 성직자가 지배해 왔는데 말이다. 그들이 '진리'와 '비진리'의 개념을 결정해 왔는데 말이다!

4

기독교는
인류의 영원한 오점汚點!

 기독교의 숙명은, 그 종교로 인해 충족되어야 할 욕구들이 병적이고 천박하고 비속해짐에 따라 필연적으로 그 신앙마저도 병들고 천박하고 비속화될 수밖에 없었다. 이 병적인 야만성이 마침내 교회에서 권력을 잡았다.―그 모든 성실서와 모든 영혼의 고귀함에, 모든 정신의 훈련, 모든 공명정대하고 선량한 인간성에 끔찍이도 적대적인 형식, 교회 말이다.

 도대체 기독교는 무엇을 부인하는가? 기독교는 무엇을 '세속'이라고 부르는가? 사람들이 군인이 되고, 애국자가 되는 것, 자신을 방어하고 자신의 명예를 지키는 것, 이익을 원하고 금지를 갖는 것……. 매 순간 실천하는 모든 것, 모든 본능, 행동에 이르는 모든 가치평가, 이러한 것들은 오늘날 반反기독교적이다. 그럼에도 현대인은 기독교인으로 불리는 것을 부끄러워하지 않으니, 현대인은 얼마나 허위의 유산들인가!

기독교는 삶의 본능에 대한 반항이다. 삶을 부정하고, 자연을 부정하며, 본능을 죄악시한다.

기독교의 진정한 역사에 대해서 이야기하겠다.—심지어 '기독교'라는 말 자체가 하나의 오해다—. 근본적으로는 오직 한 사람의 기독교도만이 존재했었고, 그는 십자가 위에서 죽었다. 그는 '복음' 역시 십자가 위에서 죽었다. 바로 그 순간 이후로 '복음'이라고 불리는 것은 그가 살았던 삶의 특성과는 정반대되는 것이었다. 그것은 '나쁜 소식', 즉 '화음禍音, Dysangelium'이었다. 그리스도를 통한 구원의 믿음처럼, 그들의 '신앙'에 의해서 기독교인이 특징지어진다고 생각한다면 그것은 터무니없는 거짓이다.

기독교를 미화하거나 요란하게 치장해서는 안 된다. 기독교는 이처럼 보다 높은 전형적 인간에 맞서 목숨 건 투쟁을 벌여왔고, 그런 전형적 인간이 가진 근본적 본능들을 모두 추방했으며, 이러한 본능들을 증류하여 악과 악인이라는 것을 만들어 낸 것이다.―즉 강한 인간을 전형적으로 비난받아 마땅한 자, '버림받는 인간'으로 취급하였다. 기독교는 나약하고 천박하고, 실패한 모든 것들의 편을 들어왔으며, 생명의 강한 보존 본능에 반박하는 것을 이상理想으로 삼아 왔다.

복음에는 모순이 없다

'복음'(기쁜소식)이란 무엇을 의미하는가? 진정한 삶, 영원한 삶이 발견되었다는 것이다. 그것은 단지 약속이 아니라 바로 그대들의 안에 있다는 것이다. 사랑의 삶으로서, 예외나 거절 없는, 거리감 없는 사랑으로서, 누구나 다 하나님의 자녀다.―예수는 어떤 특별한 특권을 요구하지 않았다. 하나님의 자녀로서 사람들은 누구나 서로 동등하다는 것이다.

'복음'이란 다름 아니라 거기에는 더 이상 아무런 모순이 없다는 것이다. '천국은 어린아이들의 것이다', 라고 할 때 여기서 말하는 신앙은 투쟁을 통해 획득한 신앙이 아니라―그런 신앙은 처음부터 거기 있었다는 것이다. 말하자면 정신적인 것으로 되돌려진 어린아이의 천진함 같은 것이다.

복음과 더불어 없어진 것은 '죄', '죄의 사함', '신앙', '신앙에 의한 구원'이라는 개념의 유대교였다. 유대교회의 모든 가르침은 '기쁜 소식' 안에서 부정된다.

'복음서'의 심리에는 죄와 벌이라는 개념이 그 어디에도 없다. 마찬가지로 보상이라는 개념도 없다. '죄악'이라는 것, 하나님과 인간 사이를 멀어지게 하는 모든 관계가 없어졌다는 것, 바로 이것이 '기쁜 소식'이다.

믿음, 본능, 그리고 기독교인의 허상

기독교인, 그리고 기독교적인 것의 어떤 특정한 것을 진실하다고 여기는 주장으로 그것을 한낱 의식 현상으로 축소하는 것은 '기독교성' Christlichkeit을 부정하는 것이다. 사실 기독교라는 것은 전혀 존재하지 않았다. '기독교인'이라는 것, 2천 년 동안이나 기독교라고 불러온 것은 한낱 심리적인 자기 오해에 지나지 않는다. 더 자세하게 살펴보면, 모든 '신앙'에도 불구하고 그들은 본능들에 의해서만 지배받아 온 것이다.

실패작들인 보잘것없는 위선자와 거짓말쟁이들이 자신들이 이 '세계'와 구별하려고 '신', '진리', '빛', '정신', '사랑', '지혜', '삶' 같은 개념들을 독점하여, 마치 그것들이 그들과 동의어라도 되는 것처럼 주장하기 시작했다. 각종 정신병원에 수용되어야 할 정도로 정신 나간 그 최상급의 시시한 유대인들은 마치 기독교도만이 세상의 의미고, 소금이고, 척도이며, '최고 법정'이라도 되는 듯이 자신들의 구미에 맞게 나머지 모든 것의 가치를 왜곡시켜 버렸다.

기독교 신앙은 처음부터 모든 자유, 자존심, 정신의 자기 확신을 희생하는 것이었다. 동시에 복종, 자기 조롱, 자기 절단이었다.

아직 마지막 질문이 하나 더 남아 있다. 만약 우리가 어렸을 때부터 줄곧 모든 구원이 우리와 똑같은 은총을 경험할 수 없었을까? 은총을 주는 것은 믿음이지, 믿음 뒤에 객관적인 실체가 아니다. 모든 진실한 믿음은 절대 속이지 않는다. 그것은 믿음을 지닌 자가 믿음 안에서 발견하고자 하는 것을 얻게 해주지. 그러나 진실한 믿음은 객관적인 진리를 입증하는 데는 전혀 도움이 되지 않는다. 여기에서 인간의 길이 나뉜다. 만일 네가 영혼의 평화와 행복을 원한다면, 믿어라. 하지만 네가 진리의 사도가 되고 싶다면, 질문해라!

신앙은 화내는 일도 없고, 비난하거나 방어하지도 않는다. 그것은 '검'을 휘두르지 않는다. 그것은 언제 어느 정도 분리될지도 전혀 예감하지 못한다. 그것은 기적이나 보상 또는 약속에 의해서도, 더더욱 '성경'에 의해서도 입증되지 않는다. 그 신앙 자체가 매 순간 기적이고, 보상이자 증거이며, '하나님의 나라'인 것이다. 이러한 신앙은 자신을 공식화하는 일도 없다. 그것은 살아있는 것이므로 공식화하는 데 저항한다.

기독교인들을 다른 종교인들과 구별하는 것은 '신앙'이 아니다. 기독교인은 실천하는 존재요, 그 실천이 다르기 때문에 구별되는 것이다.

우리는 무엇보다도 기독교 세계가 가장 교묘하면서도 가장 오랫동안 가르쳐온 것보다 해로운 원자론인 영혼의 원자론 Seelen-Atomistik 에 최후의 일격을 가해야 한다. 영혼의 원자론이란 영혼을 영원하며 나눌 수 없는 불멸의 단자 Mmnade 나 원자로 믿는 신앙을 가리킨다. 이러한 믿음이야말로 학문에서 추방되어야 한다!

우리 사이에서만 하는 말이지만, 그렇다고 해서 '영혼' 자체를 제거함으로써 가장 오래되고 소중한 가설 중 하나를 포기할 필요는 전혀 없다. 흔히 미숙한 자연주의자들은 '영혼'이라는 문제를 건드리자마자 영혼을 잃어버리곤 한다. 그러나 영혼에 대해 새롭고 보다 세련된 가설을 세울 수 있는 길은 열려 있다. '사멸하는 영혼', '주체의 다수성 Subjekte-Vielheit 으로서의 영혼' 및 '충동들과 감정들의 사회적 구조로서의 영혼'과 같은 개념들은 앞으로 학문에서 시민권을 가져야 할 것이다.

기독교인은 자신에게 악을 행하는 자에게 말로나 마음으로나 저항하지 않는다는 그 사실로, 이방인과 본국인, 유대인과 비유대인을 차별하지 않는다는 그 사실로, 누구에게도 화내지 않고 아무도 멸시하지 않는 그 사실로, 법정에 나서지도 않고 나서기를 요구하지도 않는("맹세하지 않는 것") 그 사실로, 어떤 상황에서, 심지어 아내의 부정이 입증된 경우에도, 아내와 이혼하지 않는 그 사실로, 이 모든 것은 근본적으로 하나의 명제이며, 모든 것은 결국 하나의 본능 결과이다.

'믿음'—이것을 나는 사실 기독교의 영리함이라고 불렀다. 사람들은 입으로는 늘 '믿음'에 대해 말하면서도 항상 '본능' 대로만 행동해 왔다. 기독교인의 표상에서 현실과 접촉하고 있는 것은 아무것도 없다. 오히려 정반대로 우리는 모든 현실에 대한 본능적 증오 속에 기독교의 근본을 이루는 유일한 동력 요소가 있음을 간파하였다.

"천국"이라는 것은 일종의 마음의 상태이지—'지상을 넘어서' 또는 '죽은 다음'에 오는 어떤 것이 아니다. 복음서에는 자연적인 죽음의 개념은 모두 빠져 있다. 죽음이란 하나의 건너는 다리도 아니고, 하나의 과도기적인 것도 아니다. 죽음은 전혀 다른 세계, 단순히 가상적인 세계, 단순히 기호로서만 소용 있는 세계에 속하기 때문이다. '임종의 시간'이란 기독교적인 개념이 아니다.

'하나님 나라'는 사람들이 기다리는 그런 것이 아니다. 거기에는 어제도 없고, 내일 이후에도 없다. 그것은 '천 년'이 지나도 오지 않는다.—그것은 마음속에서 가지는 하나의 경험인 것이다. 그것은 어디에나 있고, 또 어디에도 없다…….

기독교는 플라톤주의의 대중적 형태이다

기독교는 영성이 지닌 최고 가치를 죄악이라고, 잘못 인도하는 것이라고, 유혹이라고 느끼도록 가르치면서, 심지어 정신적으로 강한 천성을 지닌 인간들의 이성마저도 파멸시켰다.

기독교는 동정의 종교라 불린다. 동정은 생명감의 원기를 증대시키는 긴장된 정서와는 반대되는 것이다. 그것은 우울한 작용한다. 사람은 동정을 느낄 때면 힘을 상실한다. 살아가느라 고통을 겪게 하는 힘의 상실은 동정으로 인해 더욱 커지고 몇 배로 불어난다. 연민으로 인해 고통 자체가 전염되고, 경우에 따라 동정은 원인의 규모에 비해 어처구니없을 정도로 균형이 맞지 않아, 삶과 활력 에너지의 총체적 상실을 가져올 수도 있다. 나사렛 사람의 죽음이 그런 경우다.

기독교는 드높은 것에 대항하여 땅을 기어다니는 모든 자들이 일으키는 반란이다.

기독교는 약자, 병자, 실패자, 도덕적 패배자들의 반란이다. 그들은 강자에 대한 증오를 도덕으로 포장했다.

기독교는 병病을 필요로 한다. 헬레니즘이 넘치는 건강이 필요했던 것과 같다. 병들게 하는 것이 교회의 구원 제도 전체의 은밀한 본래의 취지이다. 그러니 교회 그 자체가 가톨릭적 정신병원을 궁극적인 이상으로 삼지 않는가? 지구 전체를 거대한 정신병원으로 삼지 않는가? 교회가 바라는 이러한 종류의 종교인은 전형적인 데카당스다.

기독교는 또 정신적으로 건강한 바탕을 지닌 모든 것에 적대적이다. 기독교는 병적인 정신만을 기독교적 정신으로 이용할 수 있으며, 모든 어리석은 것의 편에 서고, '정신'에 대하여, 즉 건전한 정신의 자랑Superbia에 대해서는 저주를 퍼붓는다.

병적인 것이 이 기독교적인 본질이므로, 전형적 기독교의 상태인 '신앙'도 병적인 형태를 띨 수밖에 없다. 그리고 모두 바르고 성실한 지식에 의해 인식에 이르는 길은 교회 때문에 금지된 것으로 배척당할 수밖에 없다.

기독교에는 '신성한' 목적이 없다는 것이 기독교가 사용하는 수단에 내가 반대하는 이유다. 거기에는 나쁜 목적, 삶에 해독을 죄악이라는 개념으로 폄하하고 자신을 모독하려는 것 뿐이다. 따라서 그것이 취하는 수단도 나쁜 짓이다.

기독교는 본질적으로 마음에 대한 문제이다.(…) 믿음을 통해 축복을 얻는다는 것은 지식이 아니라 오직 마음이 우리를 행복하게 할 수 있다는 고대인들의 진리를 증명하고 있는 것일 뿐이다.

오직 기독교적인 실천만이, 십자가에 죽은 자처럼 사는 것만이 기독교적이다. 오늘날에도 그런 삶은 가능하며, 심지어 특정한 사람들에게는 필요하기까지 하다. 진정한 근원적인 기독교는 어느 시대에나 가능할 것이다…….

르네상스는 기독교적 가치의 전도Umwertung der christlichen Werte, 모든 수단, 모든 본능, 모든 천재를 동원하여 그 반대 가치, 고결한 가치를 승리에 이르게 하려던 시도였다.

기독교 내에서, 도덕과 종교는 현실의 어떠한 점과도 접촉하지 않는다. 순전히 상상적인 원인들(신, 영혼 나, 정신, 자유의지 또는 심지어 자유롭지 않은 의지), 순전히 상상적인 결과들(죄, 구원,

은총, 죄의 사함)만 있을 뿐이다. 순전히 공상적인 존재들(신, 영, 영혼들), 공상적인 자연과학(인간 중심적, 자연적 원인 개념의 총체적인 결핍), 공상적 심리학(자기 자신에 대한 완벽한 오해, 종교 도덕적 특질을 가진 기호—후회, 양심의 가책, 악마의 유혹, 신의 임박 같은 것의 도움으로 쾌와 불쾌의 일반 감정—이를테면 교감신경의 상태—을 해석하는 것), 상상적인 신학(신의 왕국, 최후의 심판, 영생)—이러한 순전히 허구적인 세계와 꿈의 세계는 서로 구별된다. 꿈의 세계는 현실을 반영하는 반면에, 기독교는 현실을 왜곡하고, 무가치한 것으로 만들고, 부정하기 때문이다.

기독교에서는 피정복자들과 압박하는 자들의 본능이 전면에 등장한다. 기독교 안에서 구원을 얻으려 하는 자들은 가장 낮은 계급의 사람들이다. 이 종교에서는 권태에 맞서는 일, 권태를 물리치는 수단으로써 죄의 결의론, 자기비판, 그리고 양심에 대한 심문이 행해진다. 여기서는 '신'이라 불리는 하나의 거대한 힘으로 고무된 감동이(기도를 통해서) 지속적으로 교화되었다. 이 종교에서는 최고의 것은 도달할 수 없는 것으로, 선물로, '은총'으로만 간주한다.

'기독교적인 것'이란 지상의 지배자들인 '고귀한 자'들에 대한 깊은 적개심이며 동시에 그들에 대해 은밀하게 감추고 있는 경쟁심인 것이다.(즉 고귀한 자들에게는 '욕심'만 허용되어 있지만, 자신들이 갈구하는 것은 오직 '영혼'뿐이라는 식이다.)

정신, 금지, 용기, 자유, 정신의 자유사상을 증오하는 것이 기독교적인 것이다. 관능에 대한 증오, 관능의 즐거움에 대한 증오, 어쨌든 즐거움에 대한 증오가 기독교적인 것이다.

기독교 그 바탕에는 어느 정도 동양적인 섬세한 면을 지니고 있다. 무엇보다도 기독교는 어떤 것이 진리인지 아닌지는 아무 상관이 없고, 진리라고 믿어지는 한 그것이 중요하다고 알고 있다. 진리와 어떤 것이 진리라는 믿음, 이 두 가지는 전혀 종류가 다른 관심들이고 거의 정반대 세계인 것이다.—이 두 세계에 도달하는 길은 근본적으로 서로 다르다. 그것을 아는 것—바로 이것이 동양에서는 거의 현자賢者가 되게 만든다.

기독교는 유대교의 본능에 맞서 일어난 운동이 아니라 사실은 자신의 자연스러운 결과이고, 자신의 공포감을 조장하는 논리가 진전되어 생겨난 결말이다. 구세주의 공식에서 보면, "구원은 유대인에게서 나온다"는 것이었다.

기독교는 인류의 영원한 오점!

나는 기독교를 하나의 커다란 저주라고 부른다. 하나의 거대한 내면적 타락, 하나의 커다란 복수 본능이라고 부른다. 그러한 본능에는 어떤 수단도 독성도 너무 강하거나, 음험하거나, 지하적이거나, 하찮은 것이 아니다.

나는 기독교를 인류가 지닌 하나의 영원한 오점汚點이라고 부른다.

5
진리란 무엇인가?

진리란 무엇인가? 비유와 환유와 인간화의 끊임없이 움직이는 군대. 요컨대 진리란 시적이고 수사적으로 고양되고, 전이되고, 장식된 인간적 관계들의 총합일 뿐이다. […] 진리란 본래 환상이었고, 다만 그것이 환상이라는 사실을 사람들이 잊었을 뿐이다.

진리는 언제나 더 어려운 편에서 발견된다는 너의 기본 원칙에는 나도 어느 정도 동의한다. 하지만 2 곱하기 2는 4가 아니라는 말을 한번 생각해 봐라. 이 말이 믿기 어렵다고 해서 이 말이 진리가 되는 건가? 또 반대로 이렇게 질문해 보자.

우리가 배워 온 모든 것들, 우리 안에 점차 단단하게 뿌리를 내려 주위 사람들이 많은 훌륭한 사람들이 진리하고 말하는 것들, 게다가 실제로 사람의 마음을 편안하게 해주고 북돋아 주는 것들, 이러한 것들을 진리하고 간단히 받아들이는 일이 정말로 그렇게 어려운 일일까? 그것이 정말로 정신의 독립에 따르는 위험 속에서 용기가 꺾이고 양심마저 흔들리는 위기를 수없이 경험하면서도 항상 진리와 미와 선을 목표로 관습과 투쟁하면서 새로운 길을 개척해 나가는 것보다 더 어려운 일일까?

진리가 여성이라고 가정한다면, 어떨까? 모든 철학자가 독단주의자였을 경우, 그들이 여성을 제대로 이해하지 못했다는 혐의는 근거 있는 것이 아닐까?

우리는 이 의지가 가지는 가치에 관해 묻게 되었다. 진리의 가치의 문제가 우리 앞에 다가왔다.

늙은 여자들이 마음속 가장 은밀한 곳에서는 그 어떤 남자들보다도 더 회의적이라는 것은 나에게 두려움을 준다. 그들은 현존재의 피상성을 그 본질이라고 믿는다. 그리고 모든 덕과 심오함은 그들에게 단지 이러한 '진리'를 덮어 가리는 것, 치부를 가리는 아주 바람직한 가리개에 불과하다. 결국 체면과 수치의 문제이며, 그 이상 아무것도 아닌 것이다!

이것은 그들이 다채로운 감각의 혼란―플라톤이 말한 바와 마찬가지로 감각의 천민―위에 던진 창백하고 차디찬 회색빛의 개념 망에 의해 이루어졌다.

그러나 나에게는 쇼펜하우어도 이 경우에 학자들이 하곤 했던 일을 실행했을 뿐이다. 그가 대중의 선입견을 받아들여 이를 과장했다고 생각한다. 의지작용Wollen이란 나에게는 무엇보다도 어떤 복합적인 것이며, 단지 말로 표현했을 때만 통일성이 있는 그 무엇처럼 보인다. 즉 바로 하나의 용어에는 언제나 철학자들의 사소한 주의만을 제압해온 대중의 선입견이 숨겨져 있다.

진리는 오랜 사용 후에 마모되어 감각적으로 무기력하게 된 은유이며, 자신의 형상을 잃어버려서 이제 더 이상 동전으로가 아니라 금속으로 고려되는 동전이다. 그러나 사람들은 환상 때문에 이 사실을 망각했다.

그래서 여기에서 진리가 대답되지 않으면 안 될 때, 이미 하품을 억누를 필요가 있게 된다. 결국 진리는 여성이다. 우리는 진리에 폭력을 행사해서는 안 된다.

삶, 신神 없는 세상에서 어떻게 살 것인가?

신이 세계의 운명을 지배한다는 믿음이 사라져 버린 뒤부터(…) 인류는 스스로 지구 전체를 아우르는 보편적인 목표를 세워야만 한다. (…) 인류가 세계에 대한 이러한 의식적인 지배로 인해 파멸되지 않으려면, 무엇보다도 먼저 지금까지의 모든 지식을 능가하는 문화의 조건들에 대한 지식을 발견해야만 한다. 이때 이 지식은 보편적인 목표를 위한 학문적 척도의 기능을 할 것이다. 바로 여기에, 다가오는 세기의 위대한 정신들이 직면할 거대한 과제가 놓여 있다.

'모든 신은 죽었다. 이제 우리는 초인이 살기를 바란다.' 이것이 그 위대한 정오에 우리가 품는 궁극의 의지가 되게 하라.

우리의 마음을 편안하게 해주는, 하나님과 세계와 화해에 대한 특정한 견해에 도달하는 것만이 정말로 가장 중요한 일일까? 혹, 진정한 탐구자는 자신의 물음이 가져올 결과에 상관없이 질문을 하는 사람이 아닐까? 왜냐하면, 우리가 물음을 던질 때 그것은 휴식과 평화와 행복을 구하기 위해서가 아니라 오직 진실, 그것이 극도로 추악하고 불쾌할지라도 진실을 원하기 때문이다.

아직 마지막 질문이 하나 더 남아 있다. 만약 우리가 어렸을 때부터 줄곧 모든 구원이 우리와 똑같은 은총을 경험할 수 없었을까? 은총을 주는 것은 믿음이지, 믿음 뒤에 객관적인 실체가 아니다.

모든 진실한 믿음은 결코 속이지 않는다. 그것은 믿음을 지닌 자가 믿음 안에서 발견하고자 하는 것을 얻게 해주지. 그러나 진실한 믿음은 객관적인 진리를 입증하는 데는 전혀 도움이 되지 않는다. 여기에서 인간의 길이 나뉜다. 만일 네가 영혼의 평화와 행복을 원한다면, 믿어라. 하지만 네가 진리의 사도가 되고 싶다면, 질문해라!

종교와 기독교에 대해서 당파심을 벗어나 시대의 요구에 부합하는 판단을 내릴 수 있는 자유로운 시각을 취하려 할 때는 마치 죄를 범한 것 같은 기분을 느끼게 된다. 이 같은 시도는 하나의 과업이다. 단지 몇 주 만에 끝날 수 있는 일이 아니라, 일생이 걸릴지도 모르는 과업이다. 나침반도 조타수 없이 의심의 바다로 배를 띄우는 것은 미숙한 인간들에게는 죽음과 파멸로 나아가는 길이다. 대부분은 폭풍에 뒤집히고, 아주 극소수만이 새로운 땅을 발견한다. 측량할 수 없는 사사의 망망대해에 놓인 사람은 종종 육지로 돌아가 그 단단한 땅을 밟고 싶다고 느낄 것이다.

아, 동정하는 자들보다도 더 어리석은 짓을 저지르는 자는 이 세상에 없다. 또 그들이 저지르는 어리석음보다 더 큰 고통을 불러일으키는 것도 이 세상에는 없다.

아, 동정을 뛰어넘지 못한 사랑을 하는 사람은 모두 불쌍하다.
악마가 일찍이 나에게 이렇게 말한 적 있다.
신에게도 지옥이 있는데, 그것은 인간에 대한 그의 사랑이다.

얼마 전에 나는 악마가 이렇게 말하는 것을 들었다. "신은 죽었다. 인간에 대한 동정 때문에 죽었다." 그러니 그대들이여, 동정을 경계하라! 그곳으로부터 먹구름이 몰려올 것이다. 나는 날씨의 징조를 알고 있다. 이 말 또한 명심하는 것이 좋으리라. 모든 위대한 사랑은 동정의 단계를 넘어서 있다. 위대한 사랑은 대상을 사랑할 뿐만 아니라, 사랑하는 대상을 창조하기까지 한다. "나는 나 자신을 나의 사랑에 바친다. 그리고 나와 같은 이웃 사람들에게도 바친다." 모든 창조자는 이렇게 말한다.

삶을 위한 조건이 되지 않는 것은 무엇이든 삶에 해가 될 뿐이다.

삶의 본능이 우리를 행동하도록 자극할 때 하는 행동이 올바른 행동이라는 것은 바로 쾌감이 증명한다. 그러나 기독교적 신조의 내장을 지닌 저 허무주의자는 쾌감을 오히려 항의로 이해했다……

내적인 필연성도 깊은 개인적 선택도 없이, 아무런 즐거움도 없이 일하고 생각하고 느끼는 것보다 더 급속히 인간을 파괴시키는 것이 있을까? '의무'의 자동기계보다? 그것이야말로 타락에, 심지어 백치에 이르게 하는 처방인 것이다.

"이 행위의 위대함이 우리에게는 너무도 크지 않은가? 우리는 오직 우리 자신이 신이 됨으로써만 겨우 그에 걸맞을 수 있지 않겠는가?"

하나의 춤추는 별을 낳을 수 있기 위해서 사람은 여전히 자기 안에 혼돈을 품고 있어야 한다.

모든 기쁨은 영원을 원한다—깊고, 깊은 영원을 원한다!

삶 그 자체가 나에게 이 비밀을 말해 주었다. '보라,'고 그것은 말했다. '나는 스스로를 끊임없이 극복해야만 하는 존재이다.'

삶이란 본질적으로는 획득, 상해, 타자와 약자를 극복함, 억압, 단호함, 흡수이며, 가장 온화하고 섬세한 방식일지라도 결국은 착취다.

삶을 칭찬하거나 비난하는 것은 오류다: 삶은 아무런 의미를 갖지 않으며, 단지 살아갈 뿐이다.

　삶에 대한 긍정—그것이 아무리 낯설고 고통스러운 문제라 해도, 삶 그 자체에서 솟아나는 삶에의 의지, 삶의 기쁨—나는 이것을 디오니소스적이라고 부른다.

　현존재는 오직 하나의 미적 현상으로서만 정당화된다.

　삶은 인식에 이르기 위한 수단이다. 이 원칙을 가슴에 품으면, 우리는 살아갈 수 있다.

　삶은 너무 무겁다. 그래서 우리는 그것을 가볍게 만들고 싶어 한다.

　어떤 인간들은 삶으로부터 도망친다: 병든 자들, 허약한 자들, 미적 인간들이다.

　삶이란 형태를 파괴하는 것이다. 삶은 그 내면에서 권력에의 의지이다. 삶이란 모든 약한 것에 대해 잔혹하고 무자비해야 함을 뜻한다.

진리란 무엇인가?

삶은 논박될 수 없다. 그것은 그 자체로, 그것을 위해, 그것에 맞서 살아간다. 오직 고통만이 삶을 심오하게 만든다.

좋은 종자일수록 수확이 기대만큼 풍요롭지 않다. 그대들, 보다 높은 존재들이여, 너희들은 모두 더러운 인종이 아닌가. 실망하지 말라. 인종 따위가 무슨 소용인가. 아직도 배워야 할 것이 많다. 세상 사람들의 실없는 웃음을 너희도 이제 배워야 할 때가 되었다.

그대들, 파멸의 자식들이여, 그대들이 부족하다고 해서 이상할 것이 무엇인가. 그대들은 이미 인간의 미래와 충돌하고 있지 않은가. 영혼의 가장 깊은 곳, 별처럼 높은 곳, 그 거대한 힘, 이것들이 모두 그대들의 영혼 속에서 거품을 뿜고 있지 않은가. 이상한 일들이 무엇인가.

세상 사람들이 웃지 않고서는 못 배기는 것처럼 그대들은 웃으며 자신을 내던지는 방법을 배워라. 그대들, 보다 높은 존재들이여, 아직도 가능한 일이 얼마나 많은가.

결혼은 하나의 것을 창조하고 싶은 두 사람의 의지이다. 그러나 결혼이 만들어 내는 한 가지는 그것을 만드는 데 필요한 두 개 이상의 의지가 필요하다. 의지를 함께 공유하는 자로서 상호 간에 경의를 표하는 것, 나는 이것이 결혼이라고 생각한다.

비록 아주 조그마한 행복일지라도 날마다 찾아와서 우리를 기쁘게 해줄 수 있다면, 불쾌와 갈망과 궁핍의 시기에 찾아오는 저 거만한 기쁨보다 훨씬 소중하다.

나는 왜 이렇게 현명한가? — 나는 삶을 알고 있다. 나는 삶을 긍정하는 자다. 심지어 삶의 가장 고통스러운 면조차도 나는 긍정한다.

나의 공식은: 디오니소스 대 십자가.

나는 나를 이해하지 못하는 이들과 타협하지 않는다. 나는 삶을 해석할 수 있는 자이다.

나는 삶을 가장 쓰디쓴 방울까지 맛보았다 — 그리고 나는 그것을 사랑해야 함을 배웠다.

말하자면, 내 삶은 고통—그와 같은 기쁨이 영원히 되풀이되는 영원회귀이다.

위험하게 살아라!
너 자신이 되어라!
너는 삶을 춤추게 해야 한다!

에필로그

니체가 말한 이〈기독교 반대법〉을 보면, 그의 기독교에 대한 증오와 저주가 일시적이고, 감정적인 것이 아님이 더욱 분명해진다. 그러나 철저한 증오는 처절한 사랑 이후에 가능하다.

사랑의 반대는 미움이나 증오가 아니다. 무관심이다! 니체 자신이, 한때 예수의 참된 정신을 구현하는 종교로서 기독교를 깊이 사랑하지 않았다면, 기독교를 향한 그의 관심과 증오 또한 그토록 불타오르지 않았을 것이다!

그러므로 니체의 기독교를 향한 증오는 그가 한때 하나님과 예수를 얼마나 깊이 사랑했는지를 증명해 준다. 그의 미움은 사랑의 또 다른 표현이었다. 그의 저주는, 기독교를 향한 축복의 헌사였다!

마음속에 니체의 외침이 들려온다:

> 기독교인들이여!
> 너희는, 너희가 비판하는 나만큼조차 하나님을 생각하지 않는다.
>
> 기독교인들이여!
> 너희는, 너희가 저주하는 나만큼조차 예수를 사랑하지 않는다.
>
> 기독교인들이여!
> 너희는, 너희가 비판하는 나만큼도 성경을 읽지 않았다.
> 나만큼도 성경을 알지 못한다.
>
> 기독교인들이여!

너희는, 너희가 힐난하는 나만큼도 복음의 정수를 알지 못하며, 말하지도 못한다.

기독교인들이여!
너희는, 너희가 욕하는 나보다도 하나님 보좌에서 더 멀리 있을 것이다.

그러니 다시 들으라!
나의 절규를. 나의 선언을. 나의 예언을.

기독교인들이, 너희 운명을 사랑하라Amor Fati!
하나님을 사랑할 수밖에 없는,
십자가에 달린 예수를 사랑해야만 하는 운명!

동정이 아닌 이웃사랑으로 말미암는
고난과 고통을 피하지 말라!
그로 인한 너희 안에 혼란이
네 영혼의 별을 빛나게 하리라!

기독교인들이여,

위험하게 살아라!
너희들은 자신이 예수가 되어라!
하나님 나라의 삶을 춤추게 하라!

나의 결론은 이렇다:

이 위대한 사상가이자 '기독교 증오자'인 니체가, 기독교를 간질병에 걸린 종교라 말하고, 세계 문명의 독이라 말하고, 역사의 영원한 오점이라 말하고, 음험한 시도라 말한다 해도, 그것은 하나님과 예수 신앙에 한 점, 한 티의 손상도 끼치지 않는다! 오히려, 기독교가 오염시킨 하나님을 미워함으로 참 하나님을 찾게 하는 "가치의 전도"를 시도한 니체는, 예수의 복음이 무엇인지, 기독교가 어떤 종교이어야 하는지, 교회가 과연 무엇을 해야 하는지를 선명하게 보여준다.

그는 앞서가는 자, 길을 밝히는 자다. 그렇다! 니체는 예수 복음(기쁜소식)의 위대한 전도자傳道者다! 그러므로 나는 다시 한번 주저하지 않고 외친다:

"니체, 예수의 열세 번째 제자"!